# REVOLUCIÓN EN LA IGLESIA

Marcos & Ricardo Codd

*Para vivir la Palabra*

MANTENGAN LOS OJOS ABIERTOS,
AFÉRRENSE A SUS CONVICCIONES,
ENTRÉGUENSE POR COMPLETO,
PERMANEZCAN FIRMES,
Y AMEN TODO EL TIEMPO.
—1 Corintios 16:13-14 (Biblia El Mensaje)

Revolución de la igles**IA** por Marcos y Ricardo Codd
Publicado por Casa Creación
Miami, Florida
www.casacreacion.com


ISBN: 978-1-960436-98-6
E-Book ISBN: 978-1-960436-99-3

Desarrollo editorial: *Dogo Creativo* y *Grupo Nivel Uno, Inc.*
Diseño interior y portada: *Dogo Creativo* y *Grupo Nivel Uno, Inc.*



**Nota de la editorial**: Aunque el autor hizo todo lo posible por proveer teléfonos y páginas de internet correctos al momento de la publicación de este libro, ni la editorial ni el autor se responsabilizan por errores o cambios que puedan surgir luego de haberse publicado.

Impreso en Colombia

25 26 27 28 29 LBS 9 8 7 6 5 4 3 2 1

*a Hebe, Joel y Emily Lala y Martín*

*Luis, Clara, Mariana,*
*Jonatán y Tomás*

# CONTENIDO

## NODO #4 | LA FE Y EL FUTURO



## NODO #5 | EL CAMINO HACIA ADELANTE

# PRÓLOGO

## Por DANTE GEBEL

Hay libros que informan, otros que inspiran, y algunos que detonan un cambio de paradigma. Este libro es de los últimos. *Revolución en la IglesIA* no se escribió para impresionar. Se escribió para despertar. Y lo digo con absoluta certeza, porque conozco de cerca a quienes lo escribieron. Marcos y Ricardo Codd no son solo los autores de esta obra. Son, desde hace más de 15 años, los cerebros creativos detrás de gran parte de mi comunicación visual, mis campañas, mis escenarios. Pero más allá del diseño, han sido para mí una especie de radar cultural y de lo por venir, siempre un paso adelante: amigos de ruta, compañeros de visión.

Cuando ellos hablan de fe, tecnología y futuro, no lo hacen como teóricos, sino como testigos. Han estado ahí, siempre a tiempo. Captando el pulso de una generación, entendiendo el lenguaje de las nuevas plataformas, y sobre todo, creyendo —con una fe terca y lúcida— que la iglesia no fue llamada a la nostalgia, sino a la influencia.

Este libro no es un tratado sobre inteligencia artificial. Es una brújula escrita desde la esperanza. Desde una profunda convicción: que no hay que temerle al futuro, sino integrarlo sin perder el alma. Desde el arte hasta la predicación, desde el pasado hasta el metaverso, Marcos y Ricardo trazan un camino donde lo espiritual y lo tecnológico no compiten, colaboran.

La mayoría mira la IA como amenaza. Ellos la presentan como herramienta. Pero no una herramienta neutral, sino redimible. Capaz de potenciar el mensaje eterno con formas nuevas. Capaz de servir a la iglesia, de ser puente, de transitar el futuro sabiendo hacia donde van.

Los conozco bien. Sé con qué fuego hacen las cosas. Sé cuánto han dado sin nombre ni crédito. Y por eso este libro me emociona: porque por fin les pone voz. Una voz que no grita, pero sí marca el ritmo. Una voz que no teme a las preguntas grandes. Una voz que la iglesia necesita escuchar ahora, en este tiempo.

Este libro no predice el futuro. Es un libro que quiere ayudar a construirlo. Con fe. Con arte. Con código. Con alma.

Dante Gebel

# INTRODUCCIÓN

La iglesia, a lo largo de los siglos, ha sido un faro de esperanza, un pilar de guía espiritual y un punto de encuentro comunitario. Cada nueva etapa en la historia de la humanidad ha puesto a prueba su capacidad de adaptación y renovación. Desde las primeras comunidades cristianas, perseguidas pero llenas de fe, hasta las grandes reformas que moldearon la cristiandad, la iglesia se ha enfrentado a cambios socioculturales, políticos y tecnológicos que le han exigido un paso firme hacia la transformación.

Hoy, en pleno siglo XXI, nos encontramos en medio de la llamada cuarta revolución industrial, un fenómeno que involucra la inteligencia artificial (IA), la robótica y la conectividad a gran escala. Este contexto plantea desafíos inéditos en todos los ámbitos de la vida humana, incluida la espiritualidad. Sin embargo, si algo nos enseña la experiencia histórica de la iglesia, es que cada reto puede ser la puerta a una expresión renovada de nuestra fe.

Tal como dijo el predicador Charles Spurgeon: "La fe genuina no es producto de la comodidad, sino del desafío que nos hace depender más de Dios". La iglesia cristiana evangélica y protestante no está llamada a temer la innovación, sino a discernirla y usarla con sabiduría para que la obra de Dios siga extendiéndose con poder y autenticidad.

## La irrupción de la cuarta revolución industrial

Cuando hablamos de "cuarta revolución industrial", hacemos referencia a una convergencia de tecnologías emergentes que fusionan lo físico, lo digital y lo biológico. La inteligencia artificial, la computación en la nube, la robótica avanzada y el internet de las cosas se han convertido en parte fundamental de la vida cotidiana.

En este nuevo escenario, la iglesia se ve interpelada a reflexionar: ¿cómo puede la fe cristiana seguir siendo relevante en un mundo que se transforma a un ritmo vertiginoso? ¿Cómo aprovechar estos recursos para profundizar la experiencia espiritual, la comunión y el servicio a los demás?

Lejos de ser una mera curiosidad tecnológica, la IA impacta la economía, la educación, la salud y, por ende, todas las relaciones sociales e institucionales. Al estar implicada en el quehacer diario de millones de personas, también ha empezado a influir en la forma en que nos conectamos con la fe. Como mencionó el visionario Steve Jobs: "La innovación es lo que distingue a un líder de los demás". La iglesia, al adoptar una posición de liderazgo moral y espiritual, puede y debe guiar a los creyentes en el uso responsable y edificante de estas herramientas.

## La fe en diálogo con la tecnología

Durante siglos, la iglesia ha sido un espacio de encuentro para todo aquel que buscara consuelo y guía. Con la llegada de la imprenta, la radio, la televisión y, más tarde, el internet, el evangelio encontró nuevas vías de difusión. Estos avances tecnológicos han permitido que la Palabra de Dios llegue cada vez más lejos y a más personas.

Ahora, con la inteligencia artificial, surgen posibilidades que van desde la elaboración de sermones asistidos por algoritmos hasta la creación de plataformas digitales donde se forman comunidades de fe completamente virtuales. Sin embargo, la adopción de estas tecnologías requiere discernimiento y prudencia. Mientras nos adentramos en este mundo hiperconectado, corremos el riesgo de perder el contacto humano cercano, tan esencial para el discipulado y la hermandad cristiana.

El desafío no es elegir entre la fe o la tecnología, sino hallar el equilibrio. Dwight L. Moody, destacado evangelista, señaló: "La fe hace lo imposible posible". Con esta convicción, es posible canalizar la IA para que fortalezca a la iglesia, en lugar de debilitarla. De esto se trata este libro: un recorrido en el que examinaremos la transformación digital no como un obstáculo, sino como una oportunidad para seguir extendiendo el mensaje de amor de Jesucristo.

## Propósito y visión de este libro

El presente texto, "Revolución en la igles**IA**: Cómo la **I**nteligencia **A**rtificial está transformando la fe y nuestro futuro espiritual", se concibe como una guía y un puente. Por un lado, quiere servir de orientación para pastores, líderes y creyentes que se preguntan cómo integrar la IA de forma sabia y ética en el contexto eclesiástico. Por otro lado, busca tender la mano a quienes sienten curiosidad o incluso temor ante un futuro cada vez más automatizado.

A lo largo de estas páginas, compartiremos reflexiones teológicas, casos de éxito y experiencias de iglesias que han abrazado la innovación tecnológica con el fin de enriquecer la comunidad, el discipulado y la adoración. No se trata de un manual meramente técnico, sino de un viaje espiritual que reconoce a Dios como el Autor de toda verdadera sabiduría y creatividad.

"La persistencia es muy importante. No deberías rendirte a menos que te veas obligado a rendirte", afirmó Elon Musk, otro de los grandes nombres asociados a la revolución tecnológica. Tomando esta idea, la iglesia está llamada a ser persistente en su misión, explorando las nuevas fronteras digitales sin apartarse de sus valores ni de su raíz bíblica. El texto que ahora tienes en tus manos te animará a ver en la IA una aliada para la expansión del reino de Dios, siempre y cuando se use de forma responsable y enfocada en el bienestar común.

## Un nuevo desafío, una nueva oportunidad

Estamos frente a uno de los desafíos más grandes de la humanidad: la aceleración exponencial del conocimiento y su aplicación en entornos virtuales y automatizados. No obstante, esta no es la primera vez que la iglesia se ubica en una encrucijada histórica. Las comunidades cristianas han sabido, una y otra vez, responder a las urgencias de su tiempo con gracia y valentía.

La pregunta central que guiará los nodos (capítulos) venideros es: ¿Cómo la inteligencia artificial puede alinear su potencial innovador con los principios bíblicos de amor, servicio y edificación mutua? Si bien no hay respuestas definitivas, la Palabra de Dios y el testimonio de creyentes a lo largo de la historia nos aportan la sabiduría necesaria para caminar en esta senda.

En un mundo donde se difuminan las fronteras entre lo real y lo virtual, la iglesia puede convertirse en un espacio de equilibrio y discernimiento. Así como Charles Spurgeon nos recuerda la importancia de depender más de Dios en la dificultad, esta transición tecnológica puede estimularnos a buscar Su guía en cada paso que demos. Las páginas que siguen son una invitación a contemplar el futuro con esperanza y propósito, confiando en que el Señor utiliza todo —incluso la más avanzada innovación— para bendecir a Su pueblo y revelar Su gloria.

Con esta visión, te animo a sumergirte en la lectura de "Revolución en la iglesIA" con el corazón abierto a las posibilidades que surgen cuando la fe y la tecnología convergen. Aquí hallarás historias que conmueven, reflexiones profundas y propuestas concretas para que tu iglesia, tu comunidad de fe y tu relación personal con Dios crezcan en medio de esta cuarta revolución industrial. Así, lejos de temer al cambio, podremos transformarlo en un nuevo amanecer para la iglesia y para el mundo entero.

# NODO #1 | UN NUEVO AMANECER

ENLACE I

# LA FE FRENTE A LA CUARTA REVOLUCIÓN INDUSTRIAL

Cuando mirás hacia atrás, a la historia de la humanidad, te encontrás con hitos que cambiaron para siempre la forma en que las personas pensaban, trabajaban y se relacionaban. Estos grandes momentos de transformación económica, social y cultural no solo alteraron las estructuras de producción o los modos de vida, sino que también dejaron una huella profunda en la esfera espiritual. Las llamadas "revoluciones industriales" fueron, cada una, un parteaguas que influyó en la manera en que las comunidades de fe vivían y expresaban su devoción. Hoy, mientras transitamos la denominada "cuarta revolución industrial" marcada por la inteligencia artificial, es esencial comprender de dónde venimos para saber hacia dónde vamos.

La iglesia, en su misión de difundir esperanza y acompañar a las personas, siempre ha estado inmersa en el mismo aire histórico que respira la sociedad. Durante la primera revolución industrial, en el siglo XVIII, las congregaciones debieron discernir cómo abordar el éxodo rural y los nuevos desafíos de las ciudades abarrotadas. Más tarde, en la segunda revolución industrial, la introducción de la electricidad y la producción masiva transformó la dinámica de la vida cotidiana, afectando también la experiencia y organización eclesial. Con la tercera revolución, la automatización y el auge de las computadoras plantearon interrogantes más profundos acerca de la relación entre el ser humano, Dios y la tecnología.

A lo largo de la historia, la iglesia ha buscado entender estos procesos, a veces con cautela y otras con entusiasmo. Muchas veces, líderes cristianos han percibido que, detrás de los cambios sociales y tecnológicos, se esconden oportunidades para difundir un mensaje de amor y redención. Al mismo tiempo, han surgido temores y debates sobre la posible "deshumanización" que podrían traer las máquinas y los nuevos sistemas de producción. Hoy, en plena expansión de la inteligencia artificial, no estamos exentos de estos cuestionamientos. Por eso, antes de adentrarnos en la denominada "cuarta revolución industrial", vale la pena recorrer las etapas previas y sus impactos no solo en la economía y la sociedad, sino también en la vida espiritual de los creyentes.

## La *Primera revolución industrial*

La primera revolución industrial se gestó principalmente en Inglaterra a mediados del siglo XVIII, con la invención de la máquina de vapor y la mecanización de procesos que anteriormente dependían casi exclusivamente del trabajo manual o de la tracción animal. Con la máquina de vapor, la producción textil y la minería vivieron un crecimiento acelerado, generando una demanda de mano de obra que atrajo a miles de campesinos a las ciudades. Este fenómeno, conocido como "urbanización", tuvo implicaciones sociales enormes: la vida rural, con su ritmo marcado por las estaciones y la proximidad de las comunidades eclesiales, empezó a transformarse.

Para la iglesia, este cambio se tradujo en la necesidad de acompañar a congregantes que llegaban a núcleos urbanos abarrotados, con condiciones laborales precarias y largas jornadas de trabajo. El domingo, para muchas personas, se convirtió no solo en el día de reposo religioso, sino en el único espacio para desconectarse de la agotadora rutina de la fábrica. Pastores y líderes cristianos vieron en esta coyuntura un llamado a la compasión y a la justicia social. En este contexto, figuras como John Wesley y otros precursores del metodismo empezaron a predicar en las calles y en las minas, buscando llevar un mensaje de esperanza a quienes se sentían más abandonados.

El impacto espiritual de la primera revolución industrial se reflejó en el surgimiento de movimientos de renovación religiosa, que respondían con fuerza a las nuevas realidades sociales. La ética del trabajo y la importancia de la solidaridad cristiana se enfatizaron más que nunca. Con la mecanización, el ser humano descubrió que podía producir mucho más, pero también corrió el riesgo de quedar alienado de su propio oficio. La iglesia buscó, entonces, humanizar el trabajo y recordar que la dignidad de la persona no se reduce a su utilidad económica.

Otro factor decisivo de esta época fue la difusión de la imprenta, que si bien había sido inventada un par de siglos antes, tomó un impulso renovado en el contexto de la revolución industrial. La posibilidad de producir Biblias y materiales de enseñanza a gran escala permitió que el mensaje cristiano llegara a más gente. Pastores como Charles Spurgeon, en la Inglaterra victoriana, pudieron publicar sermones semanales que se distribuían por toda Europa e incluso en otras partes del mundo. Spurgeon, con su estilo directo y conmovedor, se convirtió en una de las voces más influyentes de su tiempo. Su impacto no se habría entendido sin la imprenta, que multiplicó su alcance.

En ese sentido, la iglesia empezó a tomar conciencia del poder de los medios de comunicación emergentes. Aunque la palabra hablada en el púlpito seguía siendo central, el texto impreso abría nuevas puertas. La fe, que antes se transmitía en el templo o en la conversación cotidiana del pueblo, encontró una nueva plataforma en los tratados, los periódicos y los libros. Este fenómeno anticipó la forma en que la iglesia, siglos después, abrazaría otros medios masivos como la radio, la televisión y, finalmente, internet.

Con el auge de la producción de libros, la alfabetización empezó a crecer. Las comunidades eclesiales, en colaboración con otros sectores de la sociedad, promovieron escuelas y programas para que la gente aprendiera a leer la Biblia por sí misma. La alfabetización no solo tuvo consecuencias espirituales, sino que también abrió oportunidades laborales en un entorno laboral cada vez más competitivo. Aprender a leer y escribir, además de acceder a la Biblia, era clave para desenvolverse en las ciudades industriales.

La consecuencia de ello fue un mayor empoderamiento de los laicos. La iglesia dejó de ser el único canal de interpretación de la Escritura, y aparecieron nuevas corrientes de pensamiento y de práctica cristiana que surgían de la lectura personal de la Biblia. Esta democratización de la fe fue, en sí misma, un aspecto revolucionario.

## La *Segunda revolución industrial*

La segunda revolución industrial trajo consigo la aparición de la electricidad y, con ella, el perfeccionamiento de la producción en cadena. Figuras como Nikola Tesla hicieron aportes fundamentales al desarrollo de la corriente alterna, abriendo la puerta a una electrificación masiva que transformaría hogares, fábricas e incluso templos. Por otro lado, Henry Ford, con sus líneas de montaje, estableció un modelo de producción que abarató costos y permitió la fabricación de bienes a gran escala (como el automóvil). La sociedad se reconfiguró: la velocidad y la eficiencia pasaron a ser valores centrales.

Desde la perspectiva de la espiritualidad, la llegada de la luz eléctrica a las iglesias significó la posibilidad de extender horarios de culto, realizar reuniones nocturnas y explorar nuevas formas de difusión del mensaje. Además, la radio surgió como un medio potente para predicar. Evangelistas como Billy Sunday y, más tarde, Billy Graham (ya entrado el siglo XX) utilizaron la radio para llegar a multitudes. Allí, la palabra hablada y la música cristiana encontraron un espacio sin precedentes, trascendiendo fronteras geográficas.

No obstante, el uso de la electricidad y la producción en masa también acarreó problemáticas. Las condiciones laborales en las industrias a gran escala podían ser desafiantes.

Sectores cristianos de carácter social, como la Iglesia Metodista o la Iglesia Presbiteriana, alzaron su voz para defender los derechos de los trabajadores y denunciar abusos empresariales. Nacieron movimientos de caridad y misiones urbanas que intentaban responder a la pobreza, que convivía con la creciente abundancia de bienes manufacturados.

La segunda revolución industrial modificó la estructura familiar. El concepto de "hogar" empezó a vincularse con la adquisición de productos que facilitaban la vida cotidiana, como electrodomésticos. Al tener más comodidades, la gente pudo dedicar tiempo a la educación y al esparcimiento. Sin embargo, la velocidad de la producción en cadena también exacerbó la cultura del consumismo. Para la iglesia, el desafío era sostener un mensaje de fe y valores en un mundo que parecía moverse cada vez más rápido y con crecientes demandas de inmediatez.

Los líderes cristianos del momento procuraban discernir la mejor manera de aprovechar los medios de comunicación emergentes, como la prensa y la radio, para dar a conocer principios que promovieran la generosidad, la justicia y la moderación. Dwight L. Moody, un destacado evangelista de finales del siglo XIX, fundó escuelas y un instituto bíblico que conjugaban formación espiritual y habilidades prácticas. De esta forma, la educación seguía siendo una estrategia clave para la iglesia.

El desarrollo de los transportes, como los ferrocarriles y los barcos de vapor, facilitó los viajes misioneros. En esta época, florecieron sociedades bíblicas y misioneras que llevaron el Evangelio a rincones alejados del mundo. Surgieron también encuentros ecuménicos con mayor frecuencia, en los que distintas denominaciones cristianas comenzaron a dialogar y a colaborar de manera más cercana. La segunda revolución industrial aceleró los intercambios culturales y, con ellos, el intercambio de ideas y experiencias de fe.

Esto no estuvo exento de tensiones. Algunas comunidades se resistían a cualquier novedad, temiendo la pérdida de identidad espiritual. Otras veían en los barcos y trenes la mano providencial de Dios para que la Palabra llegase más lejos. En cualquier caso, la iglesia fue descubriendo que la tecnología y el transporte podían ser grandes aliados para compartir un mensaje de reconciliación y esperanza.

## La *Tercera revolución industrial*

La tercera revolución industrial, también llamada "revolución digital", tuvo como punta de lanza la incorporación de la electrónica, la informática y la automatización en los procesos productivos. Las computadoras comenzaron siendo máquinas enormes y costosas, limitadas a los laboratorios de universidades y empresas gubernamentales. Con el paso del tiempo, se volvieron más pequeñas y accesibles gracias a avances como el microprocesador. Steve Jobs y Steve Wozniak, fundadores de Apple, simbolizaron el espíritu emprendedor que llevó las computadoras personales a los hogares.

Este fenómeno despertó sentimientos encontrados en las comunidades de fe. Por un lado, la posibilidad de digitalizar y difundir materiales religiosos resultó fascinante. Por otro, aparecieron preguntas sobre el desempleo causado por la automatización y el riesgo de que la relación persona-máquina se tornara más distante.

Las iglesias comenzaron a utilizar sistemas de sonido, proyectores y grabaciones para complementar sus servicios. La televisión cristiana se convirtió en un fenómeno en países como Estados Unidos y Brasil, llegando a audiencias masivas y permitiendo que las personas "asistieran" a cultos desde sus casas. A la par, surgió la crítica de que se podía fomentar un cristianismo meramente "espectador", sin la comunión real entre hermanos.

La tercera revolución industrial también marcó el inicio de la globalización tal como hoy la entendemos, con el despliegue de redes de comunicación cada vez más amplias. A finales del siglo XX, la aparición de internet revolucionó la manera de comunicarnos y de compartir información. En el ámbito cristiano, las primeras páginas web y foros en línea permitieron que creyentes de diferentes partes del mundo interactuaran en tiempo real. Esto supuso un paso enorme hacia una iglesia más interconectada, aunque todavía con limitaciones tecnológicas que estaban en pleno desarrollo.

La expansión de las computadoras personales y la progresiva adopción de internet hicieron que la Biblia se digitalizara. Surgieron las primeras bibliotecas en línea con recursos de estudio bíblico, comentarios, diccionarios y concordancias al alcance de un clic. Pastores y líderes encontraron un canal rápido para intercambiar ideas y formarse a distancia. Sin embargo, también empezaron a brotar debates acerca de la "virtualización" de la fe: ¿es posible experimentar la comunión cristiana sin un contacto físico? ¿Cuáles son los límites de la "iglesia en línea"?

En este punto, la tercera revolución industrial sentó las bases para lo que estamos viviendo hoy. El terreno estaba preparado para una cuarta ola de transformaciones impulsadas por la inteligencia artificial, la robótica avanzada, el internet de las cosas y la analítica de datos a gran escala. Si algo quedó claro en las primeras tres revoluciones es que la tecnología no solamente moldea la industria, sino que también cambia la mentalidad colectiva y la manera en que las personas se relacionan con lo sagrado.

## El impacto espiritual a través de los siglos

En cada revolución industrial, la iglesia se ha enfrentado al mismo dilema: ¿cómo abrazar lo nuevo sin perder lo esencial?

Durante la primera revolución, la migración masiva y las condiciones laborales adversas motivaron a la iglesia a involucrarse en obras de justicia social. En la segunda, la aparición de la electricidad y la producción en masa llevó a un mayor alcance de la predicación a través de la radio y a movimientos de evangelismo masivo. En la tercera, la digitalización permitió que la Palabra se expandiera a nivel global de una manera inimaginable tan solo unas décadas atrás.

En todos estos procesos, la espiritualidad se vio impactada. Por un lado, cada avance tecnológico ha ofrecido posibilidades de mayor difusión del Evangelio y de un servicio más eficiente a las comunidades. Por otro lado, en cada etapa se han levantado voces de cautela que nos recuerdan que la fe es, ante todo, un encuentro personal y comunitario con Cristo. La tecnología puede ser una herramienta, pero no un sustituto de la relación viva con Dios y con el prójimo.

Hablar hoy de la "cuarta revolución industrial" implica entender que no partimos de cero. Venimos de un recorrido histórico lleno de lecciones sobre los beneficios y riesgos de cada nuevo avance. Este pasado nos prepara para afrontar los desafíos que trae la inteligencia artificial, la automatización total y la integración de lo físico con lo digital de maneras nunca antes vistas.

La iglesia, como parte de la sociedad, está llamada a reconocer la mano de Dios en medio de estos procesos históricos. Y también a examinar con discernimiento qué implicaciones tienen para nuestra concepción de la dignidad humana, la justicia social y la proclamación de la fe. Si algo nos enseñan las revoluciones anteriores, es que la tecnología puede transformar para bien o para mal, dependiendo de la intención y el uso que le demos.

Como bien decía Nikola Tesla, "el futuro nos mostrará maravillas que hoy apenas imaginamos". En la misma línea, Steve Jobs afirmaba que "la innovación distingue a un líder de un seguidor". Los cristianos, en su llamado de ser "luz del mundo" (Mateo 5:14), tienen la oportunidad de liderar con sabiduría y amor este proceso de cambio, en vez de quedar rezagados por miedo o indiferencia.

La cuarta revolución industrial no se trata solo de máquinas inteligentes y algoritmos sofisticados. Se trata de cómo estos avances redefinen la esencia del trabajo, la forma en que nos comunicamos, cómo aprendemos y, sobre todo, cómo vivimos nuestra espiritualidad. Si la iglesia supo adaptarse y contribuir en las transformaciones pasadas, podemos confiar en que, con la guía de Dios y la responsabilidad colectiva, también sabrá responder a los desafíos presentes.

Las tres primeras revoluciones industriales han modelado la sociedad moderna, dando paso a cambios drásticos en la economía, la política y la vida cotidiana. La espiritualidad, lejos de permanecer al margen, ha sido testigo de estos procesos y, en muchos casos, los ha acompañado y aprovechado para llevar esperanza y justicia allí donde hacía falta.

Cada revolución ha supuesto una invitación para la iglesia a repensarse: desde la atención a los obreros en la primera revolución, pasando por la expansión global de la fe gracias a la segunda, hasta la digitalización y el surgimiento de comunidades virtuales en la tercera. En cada momento, la comunidad cristiana ha tenido que discernir las oportunidades y los riesgos de la tecnología, reconociendo que lo esencial no cambia: la fe en un Dios personal que ama y transforma la vida humana, y el llamado a amar al prójimo con compromiso y creatividad.

Ahora, al asomarnos a la cuarta revolución industrial, llevamos en nuestra historia las luces y sombras de los procesos previos. Este recorrido nos aporta la experiencia y la humildad necesarias para explorar cómo la inteligencia artificial y las nuevas tecnologías pueden seguir impulsando la misión de la iglesia, sin perder lo más valioso: la comunión con Dios y el servicio compasivo a las personas. Así como cada era ha traído sus propios desafíos, esta nueva era nos reta a mantener los ojos abiertos, la mente despierta y el corazón dispuesto para encarnar el amor de Cristo en un mundo en constante transformación.

Con esta base histórica en mente, podemos sumergirnos en las siguientes partes del libro, donde profundizaremos en el modo en que la inteligencia artificial y otros avances están afectando la adoración, la comunidad y, en última instancia, nuestra visión del futuro de la fe cristiana. El amanecer de esta nueva era tecnológica nos impulsa a preguntarnos cómo ser sal y luz en medio de algoritmos, redes neuronales y automatización. Y, sobre todo, nos invita a soñar con la posibilidad de que la transformación tecnológica sea una aliada para anunciar el Evangelio en cada rincón del planeta, tal como lo fue la imprenta, la radio y el internet en su momento.

Seguramente, vendrán tiempos de adaptación y quizás de temor. Pero la historia nos recuerda que, una y otra vez, la iglesia ha demostrado que la creatividad y el amor de Dios superan cualquier barrera histórica o científica. Esa misma certeza ha guiado a hombres y mujeres de fe a lo largo de los siglos y nos anima hoy a confiar en que el Dios que estuvo presente en la primera, segunda y tercera revolución industrial, sigue estando presente ahora, en el umbral de la cuarta. A fin de cuentas, como cristianos, creemos que la creación entera es un testimonio viviente de la gloria de Dios, y nuestras herramientas —desde la más rudimentaria a la más avanzada— pueden ser instrumentos de su gracia y misericordia.

ENLACE II

# QUÉ SIGNIFICA LA ERA DE LA IA PARA LAS COMUNIDADES DE FE

Imagina por un momento el panorama actual de la tecnología: sistemas que aprenden de tus preferencias, aplicaciones que predicen comportamientos y máquinas capaces de realizar tareas que antes pensábamos exclusivas de la mente humana. Esta realidad ya no es solo cosa de películas de ciencia ficción, sino que forma parte de nuestra vida cotidiana. Nos encontramos en la cúspide de lo que muchos llaman la "cuarta revolución industrial", donde la inteligencia artificial (IA) y otras tecnologías convergentes han comenzado a transformar sociedades, economías y, por supuesto, prácticas espirituales.

Para la Iglesia y las comunidades de fe, esta revolución tecnológica no es un asunto meramente externo. Te afecta directamente, ya sea que formes parte de un pequeño grupo de oración o de una megaiglesia con miles de asistentes. Como pasó con las revoluciones anteriores, la pregunta fundamental no es si la Iglesia participará o no, sino cómo lo hará. ¿De qué manera se integrará la IA a la adoración, la enseñanza bíblica y la vida comunitaria? ¿Qué implicaciones éticas y pastorales surgirán al abrir las puertas de nuestro quehacer religioso a algoritmos capaces de procesar y analizar datos a una velocidad sobrehumana?

Las comunidades cristianas a lo largo de la historia han demostrado ser resilientes frente a cambios radicales. Desde la imprenta hasta internet, cada novedad tecnológica ha producido reticencias y también oportunidades para compartir la fe con un alcance nunca antes imaginado. Ahora, la IA promete llevar esa posibilidad a otro nivel, abriendo puertas que antes ni siquiera podíamos concebir. Pero, al mismo tiempo, plantea una serie de retos que exigen discernimiento y un sentido profundo de la responsabilidad.

## Acceso inmediato al conocimiento

Uno de los primeros impactos visibles de la inteligencia artificial en la fe se relaciona con el acceso casi ilimitado al conocimiento. Tal como Steve Jobs soñó con poner "una computadora en cada hogar", hoy tenemos a nuestro alcance teléfonos inteligentes y dispositivos que van más allá de la simple computación; estos aparatos cuentan con asistentes virtuales e interfaces capaces de responder preguntas bíblicas, teológicas o históricas en cuestión de segundos. Con un par de toques en la pantalla, puedes hallar estudios bíblicos, comentarios teológicos y enfoques pastorales provenientes de diferentes denominaciones y contextos culturales.

Esta facilidad de acceso ha roto barreras geográficas y económicas que antes parecían infranqueables. Quizá, en épocas pasadas, conseguir un buen comentario bíblico requería viajar a una gran biblioteca o adquirir libros costosos. Ahora, una persona en una zona remota puede explorar un sinnúmero de recursos con solo contar con internet. Esto democratiza el aprendizaje bíblico y enriquece las discusiones teológicas. Las iglesias que antes tenían un acceso limitado a estudios profundos pueden nutrirse de conocimiento y compartirlo con sus congregaciones.

Sin embargo, este torrente de información también introduce un desafío: el discernimiento. No todo lo que circula en la red o lo que un asistente virtual responde es veraz o teológicamente sano. La IA no es infalible y, a menudo, se basa en patrones estadísticos, lo que puede llevar a interpretaciones superficiales o inexactas. Por eso, el papel de pastores, maestros y líderes espirituales no disminuye; al contrario, se hace más urgente y relevante. La presencia de guías espirituales con criterio firme y corazón pastoral es esencial para que el acceso inmediato al conocimiento no derive en confusión doctrinal o en la proliferación de enseñanzas carentes de fundamento.

## Nuevas formas de servir y de relacionarnos

La automatización y la robótica, componentes clave de esta cuarta revolución industrial, pueden aliviar la carga de trabajos repetitivos y liberar tiempo para ministerios y servicios de mayor profundidad humana. Por ejemplo, en una iglesia, tareas administrativas o de logística, como la gestión de calendarios, la administración de recursos o la organización de eventos, podrían ser realizadas de forma eficiente con ayuda de sistemas automatizados.

De esta manera, los miembros podrían dedicar más esfuerzo y atención a actividades que requieren empatía, escucha y acompañamiento personal.

Aunque podría parecer que las máquinas nunca sustituirán la calidez de un diálogo cara a cara, la IA sí puede ser una aliada que potencie la labor pastoral y misionera. Imagina una aplicación capaz de identificar, con base en la actividad en redes sociales y patrones de búsqueda, a personas que atraviesan una situación de crisis familiar o emocional. Con la debida ética y respeto a la privacidad, la iglesia podría ofrecerles recursos, consejería o, al menos, un espacio seguro para hablar. Este tipo de uso de la inteligencia artificial permitiría detectar necesidades y responder de manera más rápida y eficaz, mostrando un rostro compasivo de la fe.

Sin embargo, junto con la eficiencia y la optimización, surge la preocupación de que la automatización promueva una cultura de la inmediatez y del mínimo esfuerzo. Cuando todo está tan al alcance de la mano, corremos el riesgo de perder la riqueza que proviene de cultivar relaciones profundas y de vivir procesos comunitarios de largo aliento. La Iglesia necesita, pues, un equilibrio entre la adopción de tecnologías que facilitan la organización y la conciencia de que el discipulado y la vida cristiana genuina requieren tiempo, paciencia y, sobre todo, cercanía humana.

## El desafío ético y teológico frente a la IA

Quizá el punto más crítico que la IA plantea a las comunidades de fe sea el cuestionamiento de aspectos centrales de nuestra teología: ¿Qué pasa con el libre albedrío y la responsabilidad moral, cuando las máquinas toman decisiones basadas en algoritmos complejos? ¿Cómo armonizar la soberanía de Dios con un mundo donde la inteligencia artificial puede predecir comportamientos con cierta exactitud, e incluso influir en la toma de decisiones individuales y colectivas?

El avance de la IA también hace surgir preguntas sobre la dignidad humana. La teología cristiana enseña que cada ser humano porta la imagen de Dios, algo que confiere un valor infinito a la persona. Pero, ¿cómo mantenemos ese valor intrínseco si el mercado de trabajo se ve invadido por máquinas que reemplazan a trabajadores en tareas repetitivas o incluso intelectuales? ¿Se corre el riesgo de marginar a quienes no se adapten a las nuevas dinámicas tecnológicas?

La Iglesia, en su rol profético, está llamada a ser una voz que advierta, acompañe y oriente en medio de estos dilemas. No se trata de abrazar ciegamente todo avance tecnológico ni de rechazarlo por temor. Se trata de participar activamente en el debate ético, de promover leyes y regulaciones justas y de acompañar a las personas que resulten más afectadas por los cambios. Mientras el mundo pugna por definir qué es moral y qué no en el uso de la IA, la voz de la comunidad cristiana puede ofrecer una perspectiva que ponga en primer lugar la vida, el respeto y la dignidad de cada individuo.

## Tesla y la promesa de un futuro maravilloso

Nikola Tesla, uno de los grandes visionarios de la historia, sostuvo que "el futuro nos mostrará maravillas que hoy apenas imaginamos". Cuando consideras esta afirmación en el contexto de la IA, resulta evidente que apenas estamos viendo la punta del iceberg. El aprendizaje automático, la robótica y la computación cuántica prometen descubrimientos y aplicaciones que transformarán de manera drástica nuestras rutinas. La pregunta es: ¿qué papel jugará la Iglesia en ese panorama?

Por un lado, Tesla manifestaba un inquebrantable optimismo en la capacidad humana para innovar. Y es cierto que la creatividad es un rasgo distintivo del ser humano, fuertemente vinculado con la idea de que somos criaturas hechas a imagen de un Dios creador. Sin embargo, este potencial creador debe ir acompañado de una responsabilidad igualmente profunda. Como comunidad de fe, no basta con asombrarse ante los avances científicos; hace falta discernir qué objetivos y principios guían esos avances.

La reflexión teológica y la acción pastoral pueden contribuir a que la IA no se convierta simplemente en un instrumento de lucro o de poder, sino en una herramienta al servicio de la humanidad, de la justicia y de la compasión. Este es el gran reto que enfrenta la Iglesia: caminar al lado de la tecnología, orientándola hacia fines que glorifiquen a Dios y dignifiquen a las personas. La promesa del futuro maravilloso de Tesla sólo puede cumplirse si mantenemos el corazón y la mente alineados con el amor al prójimo y la búsqueda del bien común.

## Hacia una comunidad más conectada

La era de la IA abre la puerta a una comunidad de fe más interconectada, donde las distancias geográficas se desdibujan y la información circula sin cesar. A través de transmisiones en vivo, aplicaciones de mensajería y plataformas virtuales, creyentes de distintas partes del mundo pueden compartir oraciones, estudios y testimonios. Esta red de relaciones podría intensificarse con la IA, que permite traducir en tiempo real, sugerir contactos basados en intereses ministeriales o incluso organizar grupos de oración globales a través de algoritmos inteligentes.

Imagínate una iglesia que use sistemas de recomendación para invitar a sus miembros a participar en actividades misioneras, retiros o proyectos de ayuda social de acuerdo con sus dones y habilidades. O piensa en cómo la inteligencia artificial podría facilitar conexiones intergeneracionales, permitiendo que jóvenes y adultos mayores intercambien experiencias de fe sin sentir barreras de lenguaje o de contexto. Estas posibilidades pueden inspirar un sentido renovado de unidad y colaboración en la Iglesia.

Pero, al mismo tiempo, debemos considerar el riesgo de que esa interconexión sea superficial o demasiado enfocada en lo virtual. Nada reemplaza la calidez de un abrazo, el encuentro personal y la experiencia de compartir un café, o un mate, con alguien en medio de una charla sincera. La tecnología, incluida la IA, debe servir como un puente que refuerce los lazos de amor y solidaridad, y no como un sustituto de la comunión real. La Iglesia, con su énfasis en la encarnación y la presencia, tiene la oportunidad de usar estos avances sin perder la esencia de la cercanía.

## La adoración en tiempos de automatización

La adoración cristiana, en sus múltiples expresiones, tiene como centro a Dios y su obra redentora. La música, la oración y la predicación son medios para exaltar el carácter divino y abrir el corazón de los creyentes a la transformación espiritual. Ahora bien, ¿qué sucede cuando la tecnología —la IA en particular— entra al escenario de la adoración? Ya existen herramientas que componen música de manera autónoma, que sugieren secuencias de acordes y melodías, e incluso que generan imágenes artísticas basadas en temas bíblicos.

Por un lado, esto puede enriquecer la creatividad en la Iglesia. Los grupos de alabanza podrían experimentar con nuevos sonidos y texturas musicales, incluso fusionando estilos tradicionales con recursos digitales. Las imágenes proyectadas durante un culto podrían actualizarse en tiempo real, sincronizándose con la predicación o la música para crear un ambiente inmersivo que lleve a la congregación a una reflexión más profunda. Sin duda, la IA puede ser vista como una nueva herramienta artística y expresiva.

Sin embargo, en este punto también surgen interrogantes: ¿podría la "machine-made worship" llegar a desplazar la participación humana? ¿No corremos el peligro de mecanizar la experiencia de Dios y restarle ese factor imprescindible de espontaneidad y vivencia personal? La respuesta dependerá de cómo encuadremos el uso de estas herramientas en un sentido teológico y comunitario. La adoración es, ante todo, una actitud del corazón que busca conectarse con el Creador; la tecnología, por ingeniosa que sea, no puede replicar la autenticidad de un espíritu humillado ante Dios.

## Desafíos pastorales en la *Cuarta revolución industrial*

Para los líderes y pastores, la IA supone un reto especial. Por un lado, brinda medios para agilizar la gestión de la comunidad, organizar bases de datos de miembros, programar visitas pastorales y mantener un flujo constante de información sobre las necesidades de la congregación. Por el otro, se presenta la pregunta sobre la esencia del pastoreo. Un software puede optimizar calendarios y hasta enviar mensajes automáticos de consuelo, pero difícilmente logrará sostener una relación empática y cercana con un fiel que atraviesa un momento de sufrimiento.

El pastor de esta era digital se encuentra en una encrucijada: aprovechar los beneficios de la IA sin descuidar la relación personal. Esto exige una formación que abarque aspectos técnicos, filosóficos y éticos, pero sobre todo una espiritualidad sólida que sirva de fundamento. El liderazgo cristiano deberá desarrollar nuevas competencias, como la alfabetización digital y el uso crítico de datos, pero también mantener viva su vocación de acompañar, orar, enseñar y consolar. En un entorno dominado por la productividad y la inmediatez, la Iglesia puede ser ese espacio que reivindique la importancia del silencio, la contemplación y la comunión humana.

## La IA como catalizadora de una misión global

El mandato de la Gran Comisión, "vayan y hagan discípulos a todas las naciones", encuentra en la IA un aliado potencial para llegar a lugares y culturas que la Iglesia antes no podía alcanzar con tanta facilidad. Pensemos en aplicaciones que traduzcan simultáneamente la Biblia a idiomas minoritarios, o herramientas que identifiquen áreas donde el mensaje cristiano es poco conocido y donde podrían desarrollarse estrategias misioneras concretas. En ese sentido, la IA puede servir como un amplificador del alcance misional, ofreciendo datos precisos y facilitando la conexión con personas necesitadas del Evangelio.

No obstante, con ese mayor alcance también llega una mayor responsabilidad. El uso de algoritmos y recolección de datos debe estar regido por principios que respeten la privacidad y la libertad de las personas. Es imprescindible que los esfuerzos misioneros no se conviertan en campañas invasivas o manipuladoras que desconozcan la dignidad y la voluntad de la gente. A la luz de la enseñanza cristiana, el anuncio del Evangelio no puede ser forzado; debe ser una invitación amorosa que respete los procesos individuales y las culturas locales.

## Mantener a Cristo en el centro

Al final de cuentas, la gran pregunta que se plantea ante la revolución de la IA es: ¿cómo mantener a Cristo en el centro? Cuando Tesla hablaba de las "maravillas" del futuro, nos desafiaba a soñar con un mundo donde la ciencia y la innovación fueran más allá de lo ordinario. Sin embargo, para los cristianos, ese anhelo encuentra su eje en la persona de Jesús, en sus enseñanzas y en su modelo de amor y servicio. Si la tecnología no se subordina a ese eje, corre el riesgo de volverse un ídolo o, peor aún, un instrumento de deshumanización.

Por otro lado, si la Iglesia es capaz de integrar la IA de manera responsable, creativa y compasiva, puede convertirse en luz que brille con más intensidad en un mundo globalizado y acelerado. Mantener a Cristo en el centro implica preguntarnos en cada paso: ¿esta herramienta promueve el amor, la justicia y la esperanza? ¿Sirve para edificar la vida espiritual de las personas o es solo un entretenimiento vacío? ¿Ayuda a los marginados y necesitados, o refuerza las desigualdades?

La cuarta revolución industrial no tiene por qué ser una amenaza para la fe cristiana. Puede ser, más bien, una oportunidad para renovar la misión, la adoración y la comunión de los creyentes. La historia nos muestra que la Iglesia ha florecido cada vez que ha sabido discernir los cambios de su época y responder con sabiduría. En este nuevo amanecer tecnológico, la invitación está en tus manos y en las de toda la comunidad de fe: abrazar la revolución de la IA con la mirada puesta en Jesús, discerniendo con humildad y valentía cómo construir un futuro donde la innovación y el Evangelio caminen de la mano.

ENLACE III

# MIEDO AL CAMBIO: UN OBSTÁCULO O UNA OPORTUNIDAD

La historia de la humanidad está plagada de momentos en los que la aparición de una nueva tecnología generó reacciones encontradas. Desde la imprenta hasta el internet, cada innovación ha despertado tanto entusiasmo como recelo. En el ámbito de la fe, este fenómeno se repite. No se trata de un simple miedo a lo desconocido, sino de preocupaciones que surgen ante la posibilidad de que la esencia de la experiencia espiritual cambie de forma drástica.

Lo que antes podía verse como una simple novedad mecánica, hoy abarca sistemas digitales complejos y algoritmos capaces de aprender por sí mismos. Cuando observas el panorama de la inteligencia artificial (IA), te das cuenta de que no solo estamos ante una herramienta, sino ante un fenómeno que evoluciona muy rápidamente. La Iglesia, al igual que otras instituciones sociales, experimenta inquietudes que no deben ser tomadas a la ligera. Si bien algunos abrazan la tecnología con entusiasmo, otros se sienten amenazados por lo que perciben como una invasión de máquinas que podrían alterar la naturaleza del culto y las relaciones comunitarias.

Las inquietudes más comunes giran en torno a la deshumanización de la experiencia de fe, la pérdida de control y el posible cambio de prioridades en la labor de la Iglesia. Estos miedos, en última instancia, apuntan a una preocupación: ¿estamos reemplazando la relación personal y sincera con Dios y con el prójimo por un sistema robotizado que carece de alma y empatía? Con la cita de Dwight L. Moody en mente:

> "el amor de Dios se manifiesta allí donde el hombre extiende su mano para servir".

Podemos reflexionar sobre cómo el temor a la tecnología puede convertirse tanto en un obstáculo como en un detonante de crecimiento y renovación espiritual.

## El espectro de la deshumanización

Uno de los primeros temores que surge cuando se habla de IA en el contexto de la Iglesia es el de la deshumanización. ¿Cómo mantener la calidez de la comunidad cristiana si ciertas labores, antes realizadas por personas, pasan a manos de algoritmos y robots? Imagina un futuro donde un asistente virtual responda las preguntas teológicas más básicas, coordine la música del culto e incluso se encargue de enviar recordatorios automatizados sobre eventos y reuniones. Para algunos, esa imagen puede resultar útil y moderna; para otros, es un síntoma de una posible pérdida de humanidad.

La esencia de la experiencia cristiana reside, entre otras cosas, en el contacto genuino con otros creyentes, en la capacidad de escuchar y ser escuchado, de llorar y reír juntos. El temor es que la introducción masiva de tecnologías avanzadas termine por desplazar la interacción cara a cara. En una sociedad cada vez más digitalizada, el anhelo de muchos miembros de la Iglesia es encontrar un espacio donde la mirada, el abrazo y la palabra compartida sean insustituibles. Por eso, surge la inquietud de que la tecnología imponga una "eficiencia" que aplane la riqueza de la relación humana.

Sin embargo, conviene analizar este miedo con equilibrio. La IA puede aportar ventajas que, en lugar de deshumanizar, liberen a las personas para dedicarse a labores de mayor profundidad relacional. Por ejemplo, si una aplicación gestiona de forma automatizada ciertas tareas administrativas de la Iglesia, los líderes podrían disponer de más tiempo para atender las necesidades emocionales y espirituales de la congregación. El desafío, entonces, no es eliminar la tecnología, sino aprender a usarla de manera que preserve y realce la humanidad de la fe.

## La tensión entre el temor y la posibilidad de pérdida de control

Otro aspecto que preocupa a quienes observan la rápida evolución de la IA es la posible pérdida de control. Imagina que dependes de un sistema inteligente para organizar la agenda de la congregación, recopilar datos de los miembros o incluso moderar foros de debate teológico en línea. Aunque estos avances pueden facilitar mucho las cosas, también traen consigo la incertidumbre de qué ocurre cuando algo sale mal o cuando una IA, diseñada para optimizar procesos, comienza a tomar decisiones que no corresponden a la ética cristiana o al bien común.

En la Iglesia, la confianza en la providencia divina no exime de la responsabilidad humana de actuar con prudencia y discernimiento. La IA, al fin y al cabo, es producto de la creatividad y el ingenio de las personas, pero también de sus limitaciones. Cuando cedes parte de tus tareas a un algoritmo, debes entender que existen riesgos de manipulación de datos, de fallos técnicos o incluso de sesgos en la programación. Esto puede generar miedos genuinos acerca de quién está verdaderamente al mando y de cómo garantizar que la tecnología sirva a la misión de la Iglesia y no viceversa.

Esta preocupación, sin embargo, no es nueva. Con cada salto tecnológico, la humanidad ha temido perder el control de sus propias creaciones. Lo importante es recordar que la Iglesia puede desempeñar un papel de liderazgo moral en el uso de la IA. Al establecer principios claros de responsabilidad y transparencia, y al fomentar una cultura de rendición de cuentas, puedes asegurarte de que la tecnología se guíe por valores que respeten la dignidad humana y la enseñanza cristiana.

## Prioridades en juego: ¿personas o aparatos?

Un tercer miedo habitual se relaciona con el cambio de prioridades. La Iglesia está llamada a ser un cuerpo vivo, una comunidad de fe centrada en el amor a Dios y al prójimo. Sin embargo, en un mundo donde la tecnología avanza a pasos agigantados, puede surgir la tendencia a invertir tiempo, recursos y atención en aparatos, software y sistemas, descuidando la dimensión humana. ¿Estás enfocándote más en poseer la última novedad tecnológica que en atender las necesidades reales de tu comunidad?

Esta preocupación no es menor. Si la Iglesia se deja llevar por la fascinación tecnológica, corremos el riesgo de transformar la congregación en un espacio hiperconectado, pero al mismo tiempo vacío de empatía. Se podrían destinar presupuestos abultados a equipos audiovisuales y plataformas virtuales, mientras las necesidades de ayuda social, discipulado integral y consejería espiritual pasan a un segundo plano. El llamado de Jesús a "amar al prójimo como a uno mismo" se ve desafiado cuando nos distraemos con la novedad y perdemos de vista las carencias cotidianas que nos rodean.

Al mismo tiempo, no se debe caer en la trampa de demonizar la tecnología. La clave está en encontrar un equilibrio que priorice la atención a las personas, la adoración sincera y la formación espiritual, utilizando los recursos tecnológicos como herramientas útiles. No se trata de escoger entre lo uno o lo otro, sino de integrar ambas dimensiones de manera que la innovación sume, en lugar de restar, a la misión de la Iglesia.

## El papel de la comunidad en la superación de los temores

Los temores en torno a la tecnología y la fe no tienen por qué paralizar a la Iglesia. De hecho, pueden convertirse en una oportunidad para que la comunidad reflexione y crezca. El primer paso es reconocer que estos miedos son legítimos y expresan anhelos profundos de preservación de la esencia cristiana: la comunión, el amor y el cuidado mutuo. Cuando se enfrentan estos temores con honestidad y apertura, surge un espacio de diálogo constructivo.

Por ejemplo, una congregación puede organizar foros y grupos de discusión sobre el uso de la IA, invitando a especialistas en tecnología y teología para abordar los puntos de tensión. De esta manera, la comunidad entera participa en la construcción de criterios y directrices que orienten la adopción de sistemas inteligentes. Además, escuchar testimonios de iglesias que han implementado herramientas de IA con éxito ayuda a disipar exageraciones y muestra cómo la tecnología puede potenciar el ministerio en lugar de sofocarlo.

En este proceso, la unidad y la diversidad juegan un papel fundamental. No todas las iglesias tienen la misma realidad económica, social o cultural. Algunas quizás tengan más facilidad para incorporar tecnología avanzada, mientras otras se centren en la pastoral tradicional cara a cara. Lo importante es que cada comunidad discierna su propio camino, sin imponer un modelo único ni estigmatizar a quienes piensen diferente. Al final, el cuerpo de Cristo es diverso y cada miembro puede aportar una perspectiva única a la discusión.

## Deshumanización versus humanización potenciadas

Volviendo al temor de la deshumanización, vale la pena profundizar en cómo la tecnología puede, paradójicamente, potenciar la "humanización" de la experiencia de fe. Es cierto que un algoritmo de IA no posee sentimientos ni conciencia; sin embargo, puede servir para aligerar tareas rutinarias y liberar tiempo para la interacción genuina. Imagina cómo, si un sistema automatizado organiza las donaciones y gestiona los recursos de la iglesia, se permite a los voluntarios dedicarse más a la relación directa con las personas que reciben apoyo.

Además, la IA puede facilitar el acceso a contenido devocional y formativo para aquellos que, por diversas razones, no pueden asistir físicamente a un templo. Personas en áreas rurales o en países donde la libertad religiosa es limitada podrían fortalecer su fe a través de herramientas virtuales que les permitan conectarse con la comunidad global. En este sentido, el temor a la deshumanización se contrarresta cuando recuerdas que la verdadera humanidad no reside en la ausencia de tecnología, sino en la manera en que eliges usarla para servir y amar.

Por supuesto, esta humanización potenciada no se dará de forma automática. Requiere una actitud consciente de parte de los líderes y de la comunidad para que la tecnología sea tratada como un instrumento, no como un fin en sí mismo. Es en este equilibrio donde las congregaciones pueden descubrir un medio de expresión de amor y compasión que no solo no deshumaniza, sino que amplía los horizontes de la fraternidad cristiana.

## El desafío de la responsabilidad y la transparencia

La preocupación por la pérdida de control frente a sistemas cada vez más complejos es válida, especialmente en un contexto donde la información personal se maneja con facilidad. Para dar un ejemplo, un asistente virtual de la iglesia podría recopilar datos sobre los miembros: desde su participación en grupos de oración hasta sus interacciones en redes sociales e incluso sus tendencias de búsqueda. El riesgo aparece cuando no existe una política clara de uso de datos y protección de la intimidad.

La ética cristiana apunta a la responsabilidad y la honestidad como valores fundamentales. Por tanto, la comunidad de fe debe liderar con el ejemplo, asegurándose de que cualquier implementación tecnológica cumpla con altos estándares de transparencia. Es fundamental definir con claridad quién tiene acceso a la información, con qué propósito y cómo se almacena. Del mismo modo, se deben establecer protocolos para resolver conflictos o malentendidos que puedan surgir en torno al uso de la IA.

Superar el miedo a la pérdida de control implica, por lo tanto, asumir una actitud proactiva. No se trata de descartar la tecnología, sino de poner límites y reglas que garanticen que su impacto sea positivo. Tal vez se creen comités éticos dentro de la Iglesia, responsables de evaluar periódicamente el uso de los algoritmos y de proponer mejoras. De esa forma, en lugar de ver la IA como un ente incontrolable, la comunidad la gestiona con la madurez y el respeto que se merecen los miembros a los que sirve.

## Renovando la prioridad al amor de Dios

En cuanto al miedo de un cambio de prioridades —colocando la tecnología por encima de las personas—, aquí es donde la enseñanza de Dwight L. Moody resuena con fuerza: “El amor de Dios se manifiesta allí donde el hombre extiende su mano para servir”. Las pantallas, los algoritmos y los dispositivos más avanzados no sustituyen ese acto esencial de servicio que requiere presencia, empatía y compromiso. La tecnología puede ser un medio para facilitar la comunicación y el aprendizaje, pero el corazón de la Iglesia sigue latiendo gracias a la gracia divina que se expresa en la compasión de unos con otros.

La clave está en recordar que tu relación con Dios se desarrolla en el terreno del amor, no de la eficacia técnica. Si bien es cierto que la IA puede optimizar ciertas funciones eclesiales, nunca podrá reemplazar el calor de una oración conjunta, la escucha atenta frente a alguien que sufre o el abrazo que consuela. Las prioridades se mantienen firmes si cada proyecto de innovación tecnológica pasa por la criba del amor. ¿Ayuda a las personas? ¿Promueve la comunión? ¿Fomenta la humildad y el servicio? Si la respuesta es negativa, quizás sea el momento de replantear la iniciativa.

Este punto, sin embargo, no debe verse como una dicotomía irreconciliable. Puedes integrar tecnología de punta y, al mismo tiempo, mantener una mirada pastoral y humana. El secreto radica en definir, de antemano, cuáles son las prioridades innegociables: la dignidad de la persona, la solidaridad con el necesitado y la centralidad de Cristo en el culto y la enseñanza.

## Reflexiones desde la historia de la Iglesia

La historia muestra que la Iglesia siempre ha tenido reservas frente a la introducción de nuevos medios. Cuando surgió la imprenta, algunos temieron que la difusión masiva de libros bíblicos sin la guía adecuada generara herejías y desorden. Más tarde, con la radio y la televisión, surgió el miedo de que el culto se convirtiera en un espectáculo. Sin embargo, estas tecnologías también impulsaron el anuncio del Evangelio a lugares lejanos. Billy Graham, por ejemplo, llegó a millones de hogares a través de la televisión, tocando corazones que jamás habrían sido alcanzados por un ministerio local tradicional.

Hoy, en la era de la IA, repites el ciclo: muchos se sienten atraídos por sus posibilidades, mientras otros se alarman por sus implicaciones. La Iglesia puede aprender del pasado. En lugar de ceder al pánico o al triunfalismo, está llamada a actuar con prudencia, empatía y espíritu misionero. Se necesitan voces que iluminen los riesgos y, a la vez, exploren las ventajas de forma creativa. Como comunidad, tienes la oportunidad de encarar los miedos y convertirlos en un impulso para profundizar aún más en la esencia del Evangelio, que es el encuentro liberador con Jesucristo y el servicio al prójimo.

## Del temor a la oportunidad

Para concluir esta reflexión sobre los temores más comunes vinculados a la tecnología y la fe, es fundamental subrayar la idea de que el miedo no tiene por qué ser un freno definitivo. La transformación tecnológica puede llevar a la Iglesia a cuestionar muchas de sus prácticas y estructuras, sí, pero también puede desatar una renovación profunda. El temor genuino puede funcionar como una alerta que invite a un discernimiento más serio y a la búsqueda de una fe arraigada en valores inmutables.

La deshumanización puede disiparse cuando recuerdas que la principal fuerza de la comunidad cristiana es el amor que fluye de Dios hacia las personas. La pérdida de control se enfrenta con responsabilidad ética y transparencia, entendiendo que todo avance tecnológico debe estar al servicio del bien común. El cambio de prioridades se evita cuando no olvidas que el centro de la fe es Cristo y su llamado a servir.

Dwight L. Moody nos recuerda que el amor de Dios se hace visible cuando extendemos la mano para servir. Así que, si bien los métodos pueden transformarse —del púlpito a la pantalla, de la mano escrita al algoritmo automatizado— el propósito sigue siendo el mismo: amar a Dios con todo el corazón y al prójimo como a uno mismo. Tal vez el mayor temor que debas superar es el de creer que la esencia del Evangelio puede diluirse ante los cambios tecnológicos. En realidad, es en los tiempos de cambio cuando la fe puede florecer con más vitalidad, testimoniando al mundo que ni la época ni el dispositivo más sofisticado pueden reemplazar la experiencia viva de un encuentro con el Dios que sigue llamando a cada persona por su nombre.

ENLACE IV

# HISTORIAS DONDE LA IGLESIA ABRAZÓ LA INNOVACIÓN

Si miras la historia de la Iglesia, descubrirás que, a pesar de sus momentos de duda y temor, nunca ha sido completamente inmóvil frente al cambio. De hecho, en numerosas ocasiones dio saltos audaces para aprovechar tecnologías e ideas que, en su momento, parecían revolucionarias. Esto no quiere decir que el proceso haya sido fácil o libre de controversias, pero sí demuestra la capacidad que tienen las comunidades de fe para adaptarse e incluso liderar transformaciones sociales.

Considera la invención de la imprenta por Johannes Gutenberg en el siglo XV. Para muchos, la posibilidad de producir libros masivamente era una amenaza: se temía la difusión de textos "peligrosos" y la pérdida del control sobre la enseñanza religiosa. Sin embargo, la Iglesia, tras un periodo de resistencia, vio en la imprenta una herramienta poderosa para difundir la Biblia y otros escritos cristianos. Gracias a esta innovación, las Escrituras se volvieron más accesibles, impulsando movimientos de reforma y avivamiento. La imprenta posibilitó que la Biblia dejara de ser un bien escaso y se convirtiera en un tesoro al alcance de un número creciente de creyentes.

Lo mismo ocurrió con la adopción de la radio y la televisión, cuando distintas iglesias, sobre todo en el siglo XX, se atrevieron a explorar estos canales para predicar el Evangelio. Al principio, no faltaban quienes miraban estas tecnologías con recelo, temiendo que pudieran banalizar el culto. Pero con el tiempo, figuras como Billy Graham demostraron cómo un mensaje claro y compasivo, transmitido a través de las ondas de radio y la televisión, podía impactar positivamente en millones de personas alrededor del mundo. Allí donde unos veían riesgos y deshumanización, otros vislumbraron la posibilidad de llevar esperanza a los hogares.

## La publicación masiva de la Biblia gracias a Gutenberg

Regresemos por un momento al impacto de Gutenberg, pues su legado es un ejemplo contundente de cómo la innovación tecnológica puede desencadenar transformaciones espirituales profundas. Antes de la imprenta, las copias de la Biblia se realizaban de forma manual o mediante sistemas rudimentarios. Solo ciertos grupos privilegiados podían acceder a los textos sagrados en su totalidad, algo que limitaba la comprensión bíblica a la mediación de clérigos y eruditos.

Cuando la imprenta de tipos móviles irrumpió en Europa, surgió un verdadero parteaguas cultural. Los costos de producción de libros bajaron radicalmente, y la posibilidad de reproducir una misma página infinidad de veces abrió la puerta a la difusión masiva de la Biblia. Aunque al inicio hubo quienes temieron las consecuencias de popularizar tanto las Escrituras, las ventajas terminaron sobrepasando los temores. La Palabra de Dios alcanzó lugares antes impensados, y se potenció el surgimiento de comunidades ansiosas por leer y entender los textos sagrados por sí mismas.

La historia de Gutenberg no es solo la de una mente visionaria, sino también la de una Iglesia que, pese a las vacilaciones iniciales, terminó adoptando una innovación que transformó el curso del cristianismo. El impacto fuc tan grande que muchos lo consideran uno de los eventos tecnológicos más influyentes de la historia humana. Al asimilar la imprenta, la Iglesia superó el miedo al cambio y abrazó la oportunidad de llevar el mensaje divino a una población mucho más amplia.

## El uso de la radio y la televisión en el ministerio

En el siglo XX, la radio y la televisión supusieron otro salto tecnológico que influyó en la manera de difundir la fe cristiana.

Podrías pensar en programas de radio donde predicadores compartían mensajes de esperanza, oraciones y reflexiones bíblicas. Algunos escépticos consideraban que convertir el culto en un espectáculo radial o televisivo era casi una blasfemia, pues temían que se banalizara la Palabra. Sin embargo, predicadores como Billy Sunday y, posteriormente, Billy Graham, demostraron que estos medios podían emplearse con gran eficacia evangelística.

Billy Graham, por ejemplo, se hizo mundialmente famoso gracias a sus cruzadas transmitidas en vivo por radio y televisión. Millones de personas que jamás habrían entrado a un estadio o una iglesia tuvieron así su primer encuentro con el mensaje del Evangelio. Lo notable es que, en esta época, la tecnología era vista por algunos sectores religiosos como algo frío, un simple aparato que no podía transmitir la emotividad ni la presencia espiritual de un encuentro en persona. Sin embargo, Graham y su equipo, en lugar de temer el cambio, escogieron usarlo para llegar a más corazones.

Esta adopción de la radio y la televisión no reemplazó la interacción humana en las iglesias locales. Por el contrario, para muchos oyentes o espectadores, los programas religiosos les sirvieron como primer contacto con la fe, animándolos después a buscar una congregación cercana donde pudieran vivir la dimensión comunitaria de la fe. El testimonio de estas historias prueba que la innovación tecnológica no destruye necesariamente la comunión cristiana, sino que puede actuar como puente para que más personas se acerquen a ella.

## La era digital y la transmisión en vivo de servicios

Avanzando en el tiempo, llegamos a la era digital. Internet y las redes sociales han creado un entorno en el que, con relativa facilidad, cualquier iglesia puede transmitir sus servicios y eventos en vivo. Una vez más, surgieron voces de alerta ante la posibilidad de que la experiencia de culto se convirtiera en un mero consumo online. ¿Cómo conservar la interacción genuina y la cercanía pastoral cuando los creyentes pueden "asistir" a la iglesia desde sus teléfonos o computadoras?

A pesar de estos temores, muchas congregaciones dieron el salto y comenzaron a ofrecer transmisiones en vivo de sus cultos a través de plataformas como Facebook, YouTube o servicios especializados para iglesias. En poco tiempo, descubrieron que esto no solo benefició a los miembros que no podían asistir de forma presencial —enfermos, personas con movilidad reducida o quienes trabajan en horarios complicados—, sino que también abrió las puertas a personas que residían en otras ciudades o países. Las barreras geográficas se derrumbaron, y la Iglesia se convirtió en una comunidad global.

Por supuesto, la virtualidad no suple la necesidad de formar parte de una congregación local ni de compartir un abrazo fraternal. No obstante, para aquellos que están geográficamente aislados o que, por circunstancias particulares, no pueden congregarse físicamente, la transmisión en vivo ha sido una bocanada de esperanza. Han encontrado una especie de "hogar espiritual" online que, con el tiempo, también los motiva a conectarse presencialmente cuando les es posible. Así, la innovación tecnológica pasó de ser un supuesto obstáculo a convertirse en un poderoso canal para extender la gracia y la comunión cristianas.

## Plataformas de discipulado online

En la actualidad, no solo los servicios de adoración se han visto beneficiados por la tecnología. Una de las áreas en las que la Iglesia ha mostrado un enorme potencial de innovación es el discipulado online. Ahora existen plataformas y aplicaciones diseñadas específicamente para guiar a creyentes en su crecimiento espiritual, ofreciendo cursos bíblicos, devocionales diarios y foros de discusión que conectan a usuarios de diferentes partes del mundo.

Este nuevo paradigma de aprendizaje rompe moldes clásicos, como depender exclusivamente de reuniones semanales en un espacio físico. Aunque estas reuniones siguen siendo valiosas, las plataformas digitales brindan la flexibilidad de acceder a recursos formativos en cualquier momento y lugar. Además, muchos de estos espacios cuentan con moderadores y mentores capacitados para orientar a quienes se inician en la fe o atraviesan situaciones específicas, como el duelo o las crisis familiares.

Historias de personas que han conocido a Cristo o han madurado en su vida espiritual gracias a estas plataformas son cada vez más comunes. Desde estudiantes que, por limitaciones de horario, no podían asistir a un grupo de discipulado presencial, hasta madres ocupadas que aprovechan los descansos del día para conectarse a un estudio bíblico virtual. De esta manera, el temor a que la tecnología "despersonalice" la enseñanza bíblica se ve atenuado cuando comprendes que, detrás de cada pantalla, hay corazones deseosos de conectar con Dios y con otros creyentes.

### Alcanzar a quienes no tienen acceso a una comunidad de fe física

Uno de los argumentos más poderosos para abrazar la innovación es su potencial para llegar a aquellos que, por diferentes razones, no pueden acercarse a una iglesia física. Piensa en regiones remotas donde no existen templos, o en países donde la práctica cristiana es restringida o incluso perseguida. Para muchas personas que viven en tales contextos, el acceso a una transmisión en vivo, un podcast cristiano o un foro de discusión online puede ser la única forma de recibir enseñanza bíblica y acompañamiento espiritual.

Asimismo, hay comunidades migrantes que se sienten desconectadas de su cultura de origen. Gracias a las tecnologías actuales, estos grupos pueden unirse a reuniones de oración, cultos o estudios bíblicos en su propio idioma, pese a encontrarse a miles de kilómetros de distancia. En este sentido, la innovación no solo acerca a la Iglesia a los suyos, sino que también refuerza la identidad cultural y espiritual de quienes viven lejos de su patria.

El testimonio de miles de creyentes en situación de aislamiento —sea geográfico, político o cultural— revela que la adopción de medios digitales se ha convertido en un auténtico salvavidas espiritual. Allí donde antes reinaba el silencio y la dificultad para acceder a la Palabra, ahora existe la posibilidad de conectarse, aunque sea virtualmente, con una comunidad de fe que brinde consuelo y orientación. Con cada caso de éxito, la Iglesia confirma que la tecnología puede ser el canal por el cual muchos descubran el amor de Dios y la compañía de hermanos en la fe.

## Henry Ford y la actitud ante la adversidad

En este punto, resulta inspirador retomar las palabras de Henry Ford: "Cuando todo parece ir en tu contra, recuerda que el avión despega contra el viento, no a favor de él". Aunque Ford no fue un líder religioso, su consejo resuena en el ámbito espiritual. El cambio, la adversidad y la resistencia son, en ocasiones, las condiciones necesarias para que la fe se fortalezca y la creatividad se despierte.

La Iglesia, a lo largo de su historia, se ha enfrentado a vientos contrarios: persecuciones, divisiones internas, crisis culturales e, incluso, avances tecnológicos que desafiaban sus estructuras. Sin embargo, estas situaciones han servido de catalizador para generar respuestas audaces, como sucedió con la adopción de la imprenta, la radio y la televisión. En lugar de escapar del viento, la comunidad cristiana aprendió a aprovechar la corriente para elevarse hacia nuevas formas de servicio y comunión.

Hoy, frente al auge de la inteligencia artificial, la automatización y las comunicaciones globales, la Iglesia puede tomar la misma actitud de coraje y adaptación. Si se asume el viento del cambio como un aliado en lugar de un enemigo, la comunidad de fe puede impactar a más personas y hacerlo con mayor relevancia. No se trata de renunciar a los valores bíblicos, sino de preguntar cómo esos valores pueden encarnarse en la cultura digital, llevando un mensaje de esperanza y amor a quienes transitan la vida en medio de la era tecnológica.

## Innovación y servicio: la mano extendida de la Iglesia

Cuando profundizas en los ejemplos de congregaciones que han abrazado la innovación, notas un patrón común: su motivación no se reduce a "estar a la moda" o "demostrar modernidad". Por el contrario, la adopción de nuevas herramientas responde a un deseo genuino de servir mejor a la comunidad. Como decía Dwight L. Moody, el amor de Dios se hace visible cuando extendemos la mano para servir. Y en esta época, esa mano puede alcanzar a más personas mediante redes sociales, transmisiones en vivo, aplicaciones móviles y plataformas de enseñanza online.

En lugar de ver la tecnología como un fin, las iglesias que han superado sus miedos la contemplan como un medio para encarnar el Evangelio de una forma contextualizada. Por ejemplo, existen ministerios que crean contenidos específicos para adolescentes, aprovechando canales como TikTok o Instagram para hablar de valores, identidad y esperanza. Aunque no todos entiendan el lenguaje o la dinámica de estas plataformas, el impacto en la vida de los jóvenes es innegable.

Del mismo modo, hay comunidades que, utilizando aplicaciones de mensajería, gestionan grupos de oración las 24 horas, creando cadenas de intercesión a nivel global. Estas iniciativas surgen cuando la motivación fundamental es el amor y la compasión por el prójimo, no la búsqueda de prestigio o espectáculo. Esa es la gran diferencia: la tecnología se convierte en un vehículo para la misericordia, la enseñanza y el discipulado, en lugar de transformarse en un ídolo al que se rinde culto.

## Rompiendo la inercia y creando futuro

Las historias de superación donde la Iglesia abrazó la innovación no solo inspiran; también rompen la inercia que a menudo paraliza a las comunidades ante el cambio. Cuando una congregación ve que otras están aprovechando con éxito nuevas herramientas para difundir el Evangelio o para acompañar a los más necesitados, se siente animada a intentarlo. Así, se genera una cadena de testimonios que, en conjunto, construyen una nueva mentalidad eclesial: la de no temer la transformación, sino buscar la manera de integrarla al servicio de la misión cristiana.

Este proceso no está exento de debates internos. Siempre habrá quienes adviertan sobre los peligros y llamen a la cautela. Sin embargo, el equilibrio entre prudencia y atrevimiento es lo que permite a la Iglesia mantenerse fiel a su esencia mientras explora territorios inexplorados. Con el tiempo, las ideas que hoy parecen arriesgadas pueden convertirse en la norma, como pasó con la imprenta, la radio y la televisión. Lo importante es que, durante el trayecto, la Iglesia permanezca unida y abierta a la guía del Espíritu, discerniendo qué es constructivo y qué podría comprometer la integridad de la fe.

Por esta razón, las historias de éxito en materia de innovación eclesial deben compartirse. Al escuchar sobre congregaciones que han encontrado en la tecnología una aliada para amar mejor, muchos cristianos se sentirán motivados a dar el primer paso. De esta manera, el miedo se atenúa y deja lugar a la creatividad y la esperanza, que son, en definitiva, fuerzas transformadoras nacidas de la confianza en un Dios que hace nuevas todas las cosas.

## Una invitación a mirar hacia adelante

Cuando contemplas la trayectoria que va desde Gutenberg hasta las actuales plataformas de discipulado online, te das cuenta de que la Iglesia ha sabido responder a los desafíos de cada época. El cambio ha sido una constante, y cada generación de cristianos ha tenido la oportunidad de ver cómo la innovación, bien encauzada, puede multiplicar el alcance del mensaje de amor y redención.

"Cuando todo parece ir en tu contra, recuerda que el avión despega contra el viento, no a favor de él", decía Henry Ford. Esta frase resulta especialmente pertinente en el contexto de la innovación en la Iglesia. En lugar de resistir al viento del cambio, la invitación es a utilizarlo para despegar hacia nuevas alturas de servicio y comunión. Las historias de superación en la adopción de tecnologías nos recuerdan que el miedo es un impulso normal, pero que no debe convertirse en un obstáculo permanente.

Así como los creyentes del pasado superaron sus recelos frente a la imprenta o la radio, tú también puedes enfrentar la era de la inteligencia artificial y la comunicación global con fe y coraje. Si la motivación es el amor y el deseo de servir a quienes más lo necesitan, la innovación será un potente canal de gracia. Puede que el proceso no sea sencillo, y sin duda implicará errores y aprendizajes. Pero cada paso adelante, guiado por la sabiduría divina y la disposición de corazón, abrirá puertas para que el Evangelio siga transformando vidas en el siglo XXI y más allá.

# NODO #2 | TRANSFORMANDO LA ADORACIÓN

ENLACE I

# MÚSICA DIVINA CON UN TOQUE DE INTELIGENCIA ARTIFICIAL

La música siempre ha jugado un papel relevante en la expresión de la fe cristiana. Desde los cantos gregorianos en monasterios medievales hasta los ritmos más contemporáneos en megatemplos modernos, las melodías y las letras se han entrelazado con la devoción de millones de creyentes. Con la llegada de la inteligencia artificial (IA), hoy surge un nuevo panorama que promete ampliar aún más este legado musical. Tal y como sucede en otros ámbitos creativos, la IA ofrece posibilidades que, hasta hace poco, se consideraban de ciencia ficción.

En la actualidad, existen algoritmos capaces de generar acordes, letras y melodías basados en estilos específicos, lo que agiliza el proceso de composición. Imagina que el líder de alabanza de tu iglesia recibe la sugerencia de componer una canción para un evento especial. En lugar de sentarse durante horas frente a un teclado buscando inspiración, puede recurrir a una herramienta de IA para producir, en minutos, una base musical preliminar. Luego, revisa, ajusta y añade su propio toque humano. El resultado: un himno fresco que conecta de manera directa con el tema bíblico del encuentro, logrando inspirar a la congregación.

Aunque la chispa creativa humana sigue siendo insustituible, la IA actúa como un aliado inestimable. Piensa en un colaborador que ofrece ideas nuevas, estructuras rítmicas y progresiones de acordes inesperadas, liberando tu mente de la rutina y brindando un lienzo sonoro distinto. Esto no significa que la tecnología tome por completo el control; de hecho, la esencia espiritual y el sentido doctrinal de las composiciones siguen requiriendo la guía y el discernimiento humano. Sin embargo, el potencial de la IA para ahorrar tiempo y estimular la experimentación musical es innegable.

## Del himnario tradicional a la co-creación virtual

La música cristiana ha atravesado múltiples transformaciones a lo largo de la historia. En épocas pasadas, el himnario impreso era la piedra angular de la adoración congregacional. Muchas iglesias aún conservan estos libros, cargados de composiciones que han conmovido corazones por generaciones. Sin embargo, con la llegada de la era digital, la alabanza también se ha expandido al ámbito virtual. Plataformas de streaming, redes sociales y sitios web especializados han permitido difundir los cantos de adoración a escala global.

La inteligencia artificial agrega un capítulo adicional a esta historia de cambio y adaptación. No solo democratiza la composición musical, sino que favorece la colaboración a distancia. Tal vez tu congregación desee trabajar en un proyecto con músicos de otros países. A través de herramientas de IA, pueden compartir armonías, analizar la estructura de una canción y proponer arreglos con gran rapidez. El resultado es un mosaico de influencias culturales, estilos y tradiciones que, lejos de diluir el mensaje cristiano, lo enriquece con nuevos matices.

En este contexto, la pregunta que surge es cómo equilibrar la tradición con la innovación. Muchos líderes temen que la utilización de IA trivialice la profundidad espiritual de la música sacra o que transforme la adoración en algo "fabricado". No obstante, si la intención principal es honrar a Dios y ayudar a la comunidad a conectarse con Su presencia, la tecnología puede integrarse como una herramienta que refresca y expande el repertorio sin restar autenticidad al acto de adorar.

## El impacto de la IA en la composición musical cristiana

La IA ofrece un nivel de accesibilidad sin precedentes para quienes anhelan componer música cristiana. Antes, se requería un conocimiento musical avanzado para crear melodías y armonías con cierta calidad. Ahora, incluso quienes no cuentan con formación formal pueden emplear aplicaciones que generan ideas, sugieren variaciones de acordes o proponen letras basadas en temáticas bíblicas. Esto abre la puerta a más creyentes que desean expresar su fe a través del canto, fomentando la creatividad en todas las edades y contextos culturales.

Por otra parte, la IA democratiza la experimentación. Músicos con recursos limitados, en lugares donde no hay acceso a conservatorios o estudios profesionales, pueden servirse de aplicaciones en línea para desarrollar su talento. Imagina a un joven en una región remota, apasionado por la música de adoración, que encuentra en un software de IA la posibilidad de crear, aprender y compartir sus composiciones con el mundo. Esta realidad era impensable hace solo unas décadas.

La composición musical cristiana busca, ante todo, exaltar a Dios y conectar al creyente con la esfera espiritual. Al integrar la IA, esta búsqueda permanece intacta, pero adquiere nuevas dimensiones. Los algoritmos, basados en grandes bases de datos de canciones, pueden extraer patrones y estilos que inspiren creaciones inéditas. Sin embargo, la sensibilidad humana es la que confiere sentido y propósito a cada letra o melodía. Así, la IA no suplanta la inspiración divina, sino que se convierte en un estímulo adicional para que el músico explore territorios que no había imaginado.

En ese sentido, el rol del compositor cristiano evoluciona de ser un autor "solitario" a un co-creador junto a la IA. Esta colaboración activa y flexible puede servir para descubrir matices armónicos novedosos, ritmos inusuales o puentes instrumentales que renueven la experiencia de adoración. Por supuesto, la oración y la reflexión bíblica siguen siendo la base fundamental para garantizar que el resultado final comunique fidelmente la verdad y el amor de Dios.

## Desafíos éticos y teológicos en la música generada por IA

No se puede negar que la introducción de la inteligencia artificial en la música cristiana plantea ciertos desafíos éticos y teológicos. Por un lado, está la cuestión de la "autoría". ¿A quién corresponde el crédito de la canción, cuando parte de la composición surge de un algoritmo? En el contexto cristiano, la creación se entiende como un regalo de Dios, y el músico frecuentemente agradece al Creador por haberle dado el talento o la inspiración. ¿Cambia esta dinámica cuando un programa participa tan activamente en la génesis de la pieza?

Otro debate gira en torno a la autenticidad y el corazón con que se alaba. Hay quienes se preguntan si una canción surgida de la IA puede transmitir la misma pasión y sinceridad que aquella compuesta en la intimidad de la oración. Sin embargo, es importante recalcar que la IA solo proporciona un conjunto de elementos musicales y textuales. La unción, la profundidad y la esencia espiritual brotan de la comunidad de fe que adopta ese canto, lo interpreta y lo siente como parte de su expresión devocional.

Finalmente, está la pregunta de cómo supervisar que el contenido lírico se mantenga en línea con la doctrina cristiana. Dado que la IA aprende de datos disponibles en internet, podría mezclar conceptos ajenos a la fe o sugerir frases poco alineadas con la enseñanza bíblica. Para evitarlo, los líderes de alabanza deben guiar el proceso, revisando cuidadosamente los resultados y filtrando aquello que no refleje el mensaje de la Escritura.

## "Gloria" un caso pionero de innovación musical

Pensemos en "Gloria": un álbum co-creado en Dogo Creativo y varios modelos de inteligencia artificial que sugerían armonías inspiradas en cantos de alabanza y adoración. Este proyecto, de más de 200 horas de estudio y producción, logró fusionar la tradición y la modernidad, captando la atención de congregaciones y oyentes de distintas edades. Por un lado, se rescataron elementos de la música de adoración tradicional, con sus coros inspiradores y atmósferas reverentes; por otro, se incorporaron arreglos y ritmos contemporáneos que conectaron con quienes crecen bajo la influencia de géneros populares.

La idea de tratar la IA como un "instrumento" más, similar a una guitarra o un teclado, resultó clave en el éxito de "Gloria". En lugar de verla como una amenaza o una competidora, asumimos el algoritmo como un colaborador, capaz de sugerir transiciones melódicas y opciones rítmicas que de otro modo no habrían surgido. Así, el músico o productor conserva el control artístico, pero aprovecha la capacidad de la IA para procesar un volumen enorme de referencias musicales, integrando estilos que van desde baladas de adoración hasta el pop cristiano y el R&B.

Para la creación de "Gloria", seguimos un enfoque estructurado que combinó nuestra creatividad humana con las capacidades de la inteligencia artificial. El proceso comenzó con la definición de parámetros musicales y temáticos que reflejaran tanto la tradición de la adoración como las tendencias contemporáneas.

Utilizamos varios modelos de IA especializados en composición musical, alimentados con una amplia base de datos que incluía himnos tradicionales y géneros populares como el R&B y el pop cristiano. La IA propuso varias progresiones de acordes y melodías iniciales que sirvieron como punto de partida para las composiciones. Este primer paso nos permitió explorar una diversidad de posibilidades musicales que respetaban la esencia de la adoración mientras incorporaban elementos modernos. La IA generó múltiples variantes melódicas y armónicas basadas en los temas sugeridos. Nosotros, como compositores humanos, revisamos estas propuestas, seleccionando aquellas que mejor se alineaban con nuestra visión artística y teológica del proyecto. Este intercambio contínuo permitió refinar las ideas, asegurando que cada elemento musical mantuviera coherencia y profundidad espiritual. La colaboración entre humanos y máquinas facilitó la creación de melodías complejas que resonaban tanto con la tradición como con la innovación. Además de la música, empleamos inteligencia artificial para asistir en la creación de letras centradas en la adoración y la alabanza. El modelo analizó textos bíblicos y devocionales para generar versos que resonaran con la congregación, manteniendo siempre la integridad doctrinal. Este proceso aseguró que las letras no solo fueran poéticas y emotivas, sino también teológicamente sólidas y apropiadas para el contexto de adoración. Una vez establecidas las estructuras básicas, la IA sugirió arreglos instrumentales y ritmos que añadían dinamismo y modernidad a las piezas. Nosotros, como productores humanos, ajustamos estos arreglos para asegurar una integración armoniosa entre los elementos tradicionales y contemporáneos, logrando un sonido fresco sin perder la esencia de la adoración. Este equilibrio permitió que las canciones fueran accesibles para una audiencia amplia, manteniendo al mismo tiempo un profundo respeto por las raíces musicales de la iglesia. Cada propuesta generada por la IA fue sometida a una rigurosa revisión por parte de nuestro equipo en Dogo Creativo, encargándonos de adaptar y perfeccionar las ideas para que se ajustaran a las necesidades litúrgicas y artísticas de la iglesia. Este proceso iterativo garantizó que el producto final fuera una auténtica colaboración entre humanos y máquinas, enriqueciendo la experiencia musical sin sacrificar el control artístico. La revisión constante permitió que cada canción de "Gloria" mantuviera una alta calidad tanto musical como teológica.

El resultado de este meticuloso proceso fue "Gloria", un álbum que no solo honra las raíces musicales de la iglesia, sino que también abraza la innovación tecnológica, demostrando cómo la inteligencia artificial puede ser una herramienta valiosa en la creación artística cuando se utiliza con propósito y sensibilidad. El disco combina letras centradas en la adoración y la alabanza con un sonido que atrae a oyentes jóvenes y mayores, creando un puente entre generaciones y estilos musicales.

## GLORIA

*En el cielo se dibuja tu esplendor,*
*Tus manos pintaron el universo*
*Cada día cuenta la historia de tu amor,*

*Tu amor se eleva más allá de las nubes*

*Tu nombre es alto*
*La tierra está llena de tu gloria*
*Como el sol tu luz nos alumbra*
*Nos lleva mucho más allá*

*Por encima de todo*
*tu grandeza resplandece,*
*La creación entera celebra tu amor.*

DISPONIBLE EN SPOTIFY

## Los testimonios tras "Gloria"

El lanzamiento de "Gloria" no solo generó curiosidad y debate en círculos cristianos, sino que también provocó testimonios de quienes se sintieron profundamente conmovidos por su música. Algunos señalaron que la fusión de cantos tradicionales con arreglos modernos les llevó a una experiencia renovada de reverencia. Otros destacaron cómo la incorporación de ritmos y melodías actuales les ayudó a conectar con la adoración de manera cotidiana, superando la sensación de distancia que a veces se asocia con la música sacra tradicional.

Asimismo, varios pastores compartieron testimonios de cómo las canciones del álbum resonaron en sus congregaciones. En servicios juveniles, resultó inspirador ver a adolescentes y jóvenes cantando con pasión temas que incluían pasajes bíblicos y frases teológicas sólidas, pero con un aire contemporáneo. En cultos intergeneracionales, la inclusión de elementos corales y armonías clásicas brindó un puente de conexión con los miembros mayores. De esta manera, "Gloria" se convirtió en un ejemplo concreto de cómo la IA puede servir para unir generaciones y refrescar la reunión sin perder la profundidad espiritual.

Distintos medios reconocieron la novedad de "Gloria" y destacaron la forma en que la IA se utilizó con propósito y sensibilidad. Publicaciones como Billboard, Infobae, La Nota Económica, El Canciller y Merca2.0 resaltaron la audacia de Dogo Creativo al atreverse a unir la devoción cristiana con la inteligencia artificial. Asimismo, varios productores y artistas expresaron su admiración por la frescura del sonido y por la valentía de integrar la tecnología en un ámbito que tradicionalmente se ha caracterizado por la solemnidad de sus expresiones musicales.

En la práctica, "Gloria" representa un puente: sus letras hablan de la grandeza de Dios y de la esperanza que tenemos en Él, pero su sonido moderno permite que cualquier oyente —sin importar la edad— pueda conectarse con la presencia de Dios de una forma actual. El álbum logra unir generaciones y estilos, recordándonos que la verdadera esencia de la adoración no está limitada a un solo género, sino que puede florecer cuando el mensaje de Cristo se mantiene firme y la tecnología se pone al servicio de la creatividad humana.

Por supuesto, también hubo quienes sintieron escepticismo. Aun así, el diálogo que se generó permitió que la comunidad cristiana, en su diversidad de opiniones, explorara juntos los alcances y límites de la tecnología en la adoración. Estas conversaciones enriquecieron la reflexión teológica sobre el sentido de la alabanza, recordando que, en última instancia, el poder transformador de la música devocional depende del Espíritu Santo y de la disposición del corazón.

## El arte supremo del maestro

Albert Einstein afirmó que "el arte supremo del maestro consiste en despertar el gozo de la expresión creativa y del conocimiento". Dentro de la iglesia, ese gozo se canaliza hacia la adoración. La música, por ende, no es solo un recurso estético, sino un medio para exaltar a Dios y cultivar la comunión entre los creyentes. En este contexto, la IA puede verse como una herramienta que despierta la creatividad dormida o que desafía la rutina musical a la que pueden caer algunos ministerios de alabanza.

Así como un maestro hábil sabe motivar a sus alumnos para que descubran nuevas facetas de su talento, la IA aporta un aire de novedad al ofrecer combinaciones musicales nunca antes intentadas. Los ministerios de alabanza pueden nutrirse de estos estímulos para salir de su zona de confort y experimentar con distintos géneros, instrumentos e incluso idiomas. De esta manera, la comunidad de fe se enriquece, ampliando sus horizontes sonoros y expresivos.

No obstante, el verdadero arte supremo está en el balance. La innovación sin dirección puede convertir la alabanza en un mero espectáculo; la tradición sin apertura al cambio puede estancarse. El maestro, en este caso, es aquel líder o equipo de alabanza que, arraigado en las verdades bíblicas y en la guía del Espíritu Santo, adopta la IA como un catalizador de inspiración, manteniendo siempre un discernimiento pastoral y una pasión genuina por adorar a Dios.

## Caminos de formación para músicos y líderes de alabanza

Ante la irrupción de la IA en la música cristiana, los líderes de alabanza y músicos se encuentran con la necesidad de formarse en ámbitos que van más allá de la técnica instrumental o la teoría musical tradicional. Hoy resulta valioso adquirir conocimientos básicos sobre producción digital, programación de melodías asistidas por IA y edición de audio. Esta capacitación no busca sustituir la sensibilidad y la espontaneidad que florece en la adoración, sino complementarla con herramientas que hagan el ministerio más eficiente y creativo.

Asimismo, el estudio teológico permanece como pilar fundamental. Una canción generada o modificada por inteligencia artificial puede ser musicalmente sublime, pero es la reflexión bíblica la que garantiza que el mensaje se mantenga fiel al Evangelio. En este sentido, la IA reta a los líderes a profundizar en su conocimiento de la Escritura y en su capacidad de juzgar qué letras honran la verdad cristiana. También surge la importancia de la mentoría, donde músicos con más experiencia acompañan a quienes recién se inician en la composición con IA, ayudándoles a discernir la armonía entre la innovación y la sana doctrina.

Esta visión formativa de la música con IA amplía la vocación del músico cristiano. Ya no es solo alguien que canta o ejecuta un instrumento, sino un facilitador que entiende las posibilidades tecnológicas y las pone al servicio de la comunidad. De esta manera, la IA no se convierte en un sustituto de la formación, sino en una invitación a formarse de manera integral.

## Un vistazo hacia el futuro de la alabanza

Si hemos visto cómo la IA comienza a influir en la música cristiana, cabe preguntarse: ¿qué nos deparan los próximos años? Es probable que surjan herramientas aún más sofisticadas, capaces de analizar en tiempo real la recepción de una congregación a ciertos acordes o ritmos, proponiendo ajustes "en vivo" para mantener un ambiente de adoración propicio. Esto podría sonar intrusivo para algunos, pero, manejado con ética y una clara orientación ministerial, tal vez se convierta en una forma de generar experiencias de alabanza más relevantes y participativas.

También se anticipa un mayor uso de la realidad virtual o aumentada, combinando música y ambientes virtuales donde cada creyente pueda sumergirse en una experiencia inmersiva de adoración. Esta tendencia, por supuesto, levanta interrogantes sobre la necesidad de la congregación presencial y la interacción humana directa. Sin embargo, si se enfoca de manera equilibrada, la tecnología podría complementar —nunca reemplazar— el encuentro físico, facilitando la participación de personas con dificultades para asistir a un culto.

En todo caso, la clave será mantener un corazón rendido a Dios, recordando que ninguna tecnología sustituye la autenticidad de un alma que busca al Creador con humildad y devoción. La IA puede ofrecer novedosos lienzos musicales, pero el verdadero motor de la alabanza seguirá siendo el Espíritu Santo obrando en la vida de quienes cantan y escuchan.

## Hacia una adoración renovada con cada congregación

Al reflexionar sobre el impacto de la inteligencia artificial en la composición musical cristiana, queda claro que se abre un abanico de oportunidades. Tanto la experimentación creativa como la colaboración global se ven potenciadas, brindando a cada congregación la posibilidad de encontrar su propia voz de alabanza en este nuevo siglo. Lejos de ser un sustituto del misterio y la profundidad espiritual, la IA se presenta como un recurso que, si se utiliza con sabiduría, puede avivar el fuego de la adoración y responder a la diversidad de contextos y culturas.

En este camino, la experiencia de proyectos como "Gloria" sirve como inspiración. La IA puede ayudar a romper barreras generacionales, confirmando que la música de adoración no tiene fronteras cuando su fin es honrar a Dios. Con cada innovación, el desafío es permanecer enraizados en la verdad y en el servicio amoroso a la comunidad, recordando que la tecnología, por sofisticada que sea, jamás reemplazará el rol del corazón humano.

Tal como dijo Albert Einstein, la tarea maestra consiste en despertar el gozo de la expresión creativa. En la iglesia, ese gozo se traduce en cánticos fervientes que elevan a Dios y edifican el cuerpo de Cristo. Si la IA colabora con este despertar, entonces bien puede considerarse un instrumento valioso. A fin de cuentas, la música cristiana seguirá siendo una de las formas más bellas de proclamar la grandeza divina, con o sin algoritmos. El espíritu de adoración trasciende cada innovación y cada época, porque su fuente es inagotable: el amor eterno de Dios.

ENLACE II

# ARTE SAGRADO EN LA ERA DIGITAL

El arte cristiano ha desempeñado un papel fundamental a lo largo de la historia al narrar, ilustrar y magnificar los eventos bíblicos y las verdades teológicas. Desde los frescos en antiguas catedrales hasta los vitrales policromados, el objetivo siempre ha sido el mismo: ayudar al creyente a contemplar lo divino y a meditar en el mensaje de la fe. Hoy, nos encontramos en una época en la que la inteligencia artificial (IA) introduce una nueva dimensión al mundo del arte, expandiendo las fronteras de la creatividad y la manera en que expresamos nuestra devoción a Dios.

Las iglesias contemporáneas se han vuelto cada vez más conscientes de la importancia de lo visual en la experiencia de adoración. Los fieles viven en una cultura marcada por la inmediatez y el poder de las imágenes, algo que puede utilizarse positivamente para reforzar el mensaje bíblico. Con la llegada de herramientas de IA capaces de generar ilustraciones a partir de descripciones textuales, los ministerios artísticos han descubierto un aliado que les permite traducir conceptos teológicos en formas y colores capaces de sorprender, inspirar y conducir a una profunda reflexión espiritual.

El desafío consiste en integrar este nuevo recurso tecnológico sin perder la esencia sagrada del arte cristiano. No se trata de dejar en manos de la IA la totalidad del proceso creativo, sino de utilizarla como un punto de partida para estimular la imaginación humana. Con cada pincelada virtual o cada escenario digital, la comunidad de fe puede encontrar nuevos ángulos para meditar en la Palabra de Dios y celebrar su maravillosa obra en la creación y la redención.

## Co-creación de imágenes con IA para inspirar la fe

Imagina un equipo de arte en tu iglesia que, al preparar la temática para un servicio especial, decide crear una serie de ilustraciones sobre la soberanía de Dios en la naturaleza.

Gracias a un programa de IA, solo deben describir con detalle la escena que tienen en mente: bosques frondosos, aves surcando el cielo, montañas majestuosas bajo un amanecer radiante. En cuestión de segundos, el modelo genera varias propuestas visuales que sintetizan esos conceptos. A partir de estas versiones preliminares, el artista humano interviene, retocando colores, añadiendo símbolos de fe o ajustando la composición para enfatizar la belleza de la creación divina.

Esta co-creación entre artista e inteligencia artificial puede resultar en obras de gran impacto, pues combina la velocidad y versatilidad del algoritmo con la sensibilidad y el conocimiento teológico del creador humano. Lejos de ser una amenaza para la expresividad personal, la IA funge como catalizador para ideas frescas que, de otro modo, tal vez no emergerían. Además, al delegar cierto trabajo de exploración inicial a la IA, el artista cuenta con más tiempo para refinar los detalles que dan al arte cristiano su profundidad y autenticidad espiritual.

Por supuesto, el factor más importante sigue siendo la intención de glorificar a Dios y de edificar a la congregación. La IA, al igual que un lienzo o un pincel, es una herramienta al servicio de la creatividad humana. El éxito radica en utilizarla para elaborar piezas que transmitan el mensaje bíblico con fidelidad, estimulando la devoción y la contemplación en aquellos que las observan. Cuando el proceso artístico parte de la oración y de la búsqueda de la verdad, la tecnología puede volverse un canal de inspiración que enriquezca la vida de fe.

## Exploración visual de pasajes bíblicos

La Biblia está repleta de relatos, simbolismos y metáforas que encienden la imaginación. Desde hace siglos, pintores y escultores han plasmado estas historias en obras que han fascinado a generaciones enteras. En la era digital, los programas de IA ofrecen una oportunidad única para llevar esas mismas narraciones a nuevas expresiones visuales. Un relato tan emblemático como la Creación en el Génesis puede representarse de formas novedosas, mezclando estilo abstracto, surrealismo o incluso toques de cultura pop, siempre que el contenido doctrinal se mantenga claro y respetuoso.

A través de un input textual (prompt), la IA puede generar infinitas variaciones de la escena del Edén o de la separación de la luz y las tinieblas. Lo fascinante es observar cómo, de entre esa multitud de opciones, surgen representaciones que, combinadas con la visión del equipo pastoral, pueden ayudarte a revalorizar un pasaje bíblico. Tal vez descubras detalles que antes habían pasado desapercibidos, o experimentes una emoción renovada al contemplar la grandeza y la sabiduría de Dios.

Por supuesto, al trabajar con la IA, es fundamental contar con un sólido marco teológico. No todo lo que produce un algoritmo encaja de manera automática en la fe cristiana. Como usuarios de la tecnología, está en tus manos filtrar, ajustar y, en caso necesario, descartar aquello que no comunique el mensaje de manera veraz. La creatividad debe estar alineada con la Palabra, puesto que el arte en la iglesia no es meramente un recurso estético, sino un vehículo para la verdad eterna.

## Hacia una nueva iconografía digital

La iconografía cristiana tiene una tradición milenaria, especialmente en las iglesias de oriente, donde los íconos han servido como "ventanas al cielo" que facilitan la contemplación de Cristo. En un contexto más occidental, las representaciones artísticas han adoptado estilos diversos, pero siempre con la intención de contar las historias sagradas y proveer un espacio de conexión con lo divino. Ahora, surge la posibilidad de crear una "iconografía digital", donde las imágenes se producen, se modifican y hasta se animan a partir de motores de IA.

Puede que suene a una radical reinterpretación de la tradición, pero, al igual que en otros momentos de la historia, los creyentes están llamados a discernir cómo adoptar los medios contemporáneos sin perder la esencia de la fe. Una iglesia podría diseñar un "ícono digital" que represente a Jesús como el Buen Pastor, con elementos artísticos que reflejen la cultura actual. A la vez, ese ícono podría proyectarse en pantallas durante una reunión especial o ser compartido en redes sociales para fomentar la devoción personal en el día a día.

El surgimiento de esta nueva iconografía digital implica también desafíos, como la corta vida útil de lo que circula en internet o la superficialidad que a veces caracteriza el entorno virtual. Sin embargo, si cada paso se da con la oración y el criterio pastoral adecuados, podría formarse un repositorio de arte sacro que dialogue con la generación presente. En última instancia, lo que da valor a una imagen es su capacidad de abrir el corazón a la experiencia con Dios y mover a la adoración genuina.

## Arte para servicios temáticos y eventos especiales

Uno de los campos donde la IA puede brillar con fuerza en la iglesia es en la producción de arte específico para eventos o series temáticas de predicaciones. Piensa en un mes dedicado a reflexionar sobre la creación, como sugerimos anteriormente, o en la celebración de Semana Santa. Mediante un programa de IA, se pueden preparar ilustraciones, fondos digitales o pequeños clips de animación que acompañen las lecturas bíblicas, las enseñanzas y los cantos.

Este enfoque inmersivo no solo capta la atención de la congregación, sino que refuerza la memorización y la internalización de los mensajes. Cuando el participante ve repetidamente imágenes alusivas a la resurrección de Cristo, por ejemplo, su mente y su espíritu se predisponen a una comprensión más profunda. Además, el arte generado con IA puede complementarse con música en vivo o recursos de iluminación para crear una atmósfera reverente y participativa.

La clave reside en que, más allá del espectáculo visual, el objetivo sea siempre llevar a las personas a un encuentro con la Palabra y con el Dios vivo. Las ilustraciones de la IA deben subrayar la enseñanza y no convertirse en distracciones superficiales. Para ello, el equipo de arte y el liderazgo pastoral necesitan trabajar de la mano, definiendo con precisión la narrativa y el propósito de cada pieza.

## Relatos de iglesias que incorporan tecnología en su estética visual

En varios rincones del mundo, iglesias de distintos tamaños y denominaciones han apostado por la integración de pantallas gigantes y proyecciones arquitectónicas. En algunos templos, las paredes y el techo se convierten en lienzos vivos que muestran pasajes de la historia bíblica, paisajes inspirados en la Creación o metáforas visuales de la vida cristiana. Con la ayuda de la IA, ahora es posible adaptar estas proyecciones a medida que avanza el servicio, sincronizándolas con la música de alabanza o con la predicación.

El resultado es una experiencia inmersiva que despierta los sentidos y hace que los fieles se sientan parte de la historia que se narra. Para ciertos eventos, como vigilias de adoración o conferencias especiales, se han utilizado proyecciones de "cielos estrellados" que responden a las notas musicales, creando un ambiente de solemnidad que eleva la mente y el corazón hacia la contemplación del Creador. Estas iglesias reportan una gran recepción por parte de la gente, especialmente de los más jóvenes, quienes valoran la renovación estética como un medio para conectarse con lo sagrado.

La tecnología, en estos casos, actúa como un puente para que las personas que viven en un mundo altamente visual se acerquen de manera fresca al mensaje eterno del Evangelio. No se pierde la esencia de la fe; por el contrario, se aprovecha la capacidad humana de maravillarse ante lo bello para subrayar que Dios es el autor de toda belleza y armonía.

## La IA como aliada en tiempo real

La diferencia que marca la IA frente a otras tecnologías de proyección es su capacidad para reaccionar en tiempo real. Algunas comunidades de fe ya han introducido sistemas que analizan los acordes y la progresión musical durante la alabanza, generando visuales que cambian según la intensidad, el tempo o la tonalidad. Esto crea una especie de "sinfonía" entre el sonido y la imagen, potenciando la atmósfera de adoración congregacional.

Además, es posible que la IA reconozca ciertas palabras clave en la lectura bíblica o en la predicación y proyecte imágenes alusivas. De esta manera, cuando se menciona un pasaje sobre el "río de agua de vida", el entorno visual puede transformarse para mostrar un río cristalino fluyendo a lo largo de las paredes. El objetivo no es impresionar por mero espectáculo, sino facilitar la inmersión del creyente en la narrativa bíblica y ayudarle a visualizar la verdad que se expone.

La clave para que esta experiencia no se convierta en un simple show radica en la sensibilidad pastoral y artística. Es fundamental entender cuándo las imágenes refuerzan el mensaje y cuándo podrían distraer. Hay ocasiones en las que la quietud visual resulta más propicia para la oración, mientras que en otros momentos, la proyección de un paisaje bíblico puede ser un complemento valioso para la enseñanza. El discernimiento y el respeto por la presencia de Dios deben guiar cada decisión.

## Diseño que comunica la presencia de Dios

En palabras de Steve Jobs: "El diseño no es sólo cómo se ve o cómo se siente, sino cómo funciona". Esta frase puede trasladarse al contexto de la iglesia: la disposición de los espacios, las tonalidades de luz, las pantallas y los elementos decorativos no solo deben lucir bien, sino funcionar para guiar a las personas a reconocer la presencia divina. Un espacio que facilite la reverencia y la interacción puede ser tanto o más significativo que un discurso teológico muy elaborado.

Muchos templos modernos se conciben como espacios polivalentes, capaces de transformarse para diferentes tipos de eventos. Las paredes pueden funcionar como pantallas led, las estructuras pueden moverse para adaptarse a conciertos, conferencias o servicios de comunión íntimos. La IA, en este marco, contribuye a programar y automatizar transiciones, alterando la iluminación y la estética general en función del culto planeado. Esto evita distracciones técnicas y libera a los voluntarios para que se concentren en servir a las personas, en lugar de lidiar con complicadas configuraciones audiovisuales.

En esa línea, el diseño del espacio eclesial se vuelve un acto ministerial en sí mismo. Ya no se trata solo de instalar la tecnología más vistosa, sino de preguntarte: "¿Cómo dispongo este lugar para que las personas se sientan acogidas, libres de juzgamientos y abiertas a experimentar a Dios?" La incorporación de pantallas y proyecciones potentes debe ir acompañada de un sentido cálido de hospitalidad y de la conciencia de que cada detalle está al servicio de un encuentro que va más allá de lo meramente estético.

## Más allá de lo visual: un enfoque integral

Aunque el énfasis de esta parte del libro se centra en las imágenes y la estética, conviene recordar que la adoración es un acto integral que involucra todos los sentidos. La IA puede potenciar no solo lo que ves, sino también lo que oyes, e incluso lo que sientes. En algunos contextos, se han desarrollado proyectos que incluyen aromas, sensaciones de temperatura y vibraciones al ritmo de la música, creando un ambiente multisensorial que ayuda a la congregación a sumergirse en la alabanza y la reflexión.

Sin embargo, debes prestar atención para que esta multiplicidad de estímulos no desenfoque la esencia del culto ni convierta la experiencia en una búsqueda superficial del asombro. El propósito final es recordar a cada persona que se trata de un encuentro con el Dios vivo, y que ningún recurso humano puede reemplazar la obra del Espíritu Santo en el corazón. Así, lo digital no se coloca por encima de lo espiritual, sino que lo complementa.

Imagina, por ejemplo, un servicio de Semana Santa en el que las proyecciones cambian gradualmente de tonos vibrantes a matices oscuros, reflejando la meditación en el sacrificio de Cristo. Mientras tanto, la música y ciertos aromas ligeros acompañan este viaje emotivo hasta llegar a un momento de silencio reverente. En esa conjunción de elementos, la IA y el arte tecnológico solo sirven de marco para el acto central de adorar y reconocer la grandeza de Dios.

## Hacia una estética que exalta al Creador

En síntesis, el arte sagrado en la era digital abre un abanico de posibilidades para revitalizar la experiencia de la adoración cristiana. Gracias a la IA, las comunidades de fe pueden generar imágenes cautivadoras, crear entornos inmersivos y diseñar espacios que hablen al espíritu de quienes los habitan. No obstante, todo esto pierde sentido si se olvida la motivación esencial: exaltar al Creador y comunicar Su amor de manera genuina.

La tecnología, por más avanzada que sea, no tiene poder para convertir corazones ni para sustituir la profundidad de una relación personal con Dios. Sin embargo, sí puede acompañar al creyente en su camino de fe, despertando la curiosidad, la admiración y el respeto por lo sagrado. Las historias de iglesias que han utilizado la IA con éxito en su estética visual muestran que la modernidad no tiene por qué estar reñida con la reverencia, siempre que las decisiones se tomen con oración y discernimiento.

Como dijo Steve Jobs, el diseño no se mide solo por su apariencia, sino por su función. En la iglesia, esa función consiste en acercar a las personas a la presencia divina, acogerlas y dirigirlas hacia la contemplación de lo sagrado. Mantener ese enfoque permitirá que, en medio de píxeles y algoritmos, brille la luz de la fe que ha unido a la comunidad cristiana a lo largo de los siglos. Con la IA como aliada y el corazón puesto en Cristo, el arte sagrado puede seguir contando la historia del Evangelio en cada generación.

ENLACE III

# IGLESIA CONECTADA

En la actualidad, muchos creyentes se han acostumbrado a un ritmo de vida acelerado, donde la tecnología ocupa un lugar central. En ese contexto, las reuniones cristianas también han comenzado a experimentar cambios significativos. La llamada "iglesia conectada" implica el uso de diversas herramientas digitales para enriquecer tanto los cultos presenciales como aquellos que se llevan a cabo en línea. Lo novedoso es la integración de la inteligencia artificial (IA) en este proceso, lo cual abre posibilidades de personalización y participación que antes parecían inimaginables.

Cuando piensas en las palabras "culto", "reunión" o "servicio", tal vez evoques imágenes de rituales tradicionales, himnos antiguos y un orden inmutable de servicio. Sin embargo, el culto, en su esencia, es más que una serie de pasos fijos: es una experiencia de encuentro con Dios y con la comunidad. En una sociedad cada vez más digital, la iglesia enfrenta el desafío de adaptar la forma en que facilita este encuentro, sin perder la profundidad ni la reverencia que caracterizan la adoración.

Aquí es donde la IA entra en escena, ofreciendo la capacidad de aprender de tus preferencias, tu trasfondo espiritual y tus necesidades particulares. Con esta tecnología, la iglesia puede diseñar un culto que no solo siga un programa general, sino que también dialogue directamente con la realidad de cada asistente. Por supuesto, esta aproximación genera dudas y críticas, ya que algunas personas temen que la personalización excesiva promueva una actitud de consumo individualista de la fe. Sin embargo, bien empleada, la IA puede invitar a los creyentes a un mayor compromiso con la Palabra y con la comunidad, haciendo la reunión más cercana y pertinente.

## IA y la experiencia personalizada de adoración

Imagina que, al llegar a tu iglesia un domingo en la mañana, recibes en tu celular una notificación con un devocional adaptado a la temática del culto y a tu propio historial de intereses. Quizás tengas una inclinación especial por los Salmos y la IA te sugiera un pasaje que se relaciona con la enseñanza de ese día. O tal vez te interese la música de adoración en particular y la aplicación te presente una lista de canciones que complementan el mensaje del sermón. Estas recomendaciones, generadas por IA, ayudan a preparar tu corazón antes de que inicie el servicio.

Durante el culto, la misma herramienta podría enviarte breves explicaciones o versículos adicionales cuando el pastor menciona cierto tema teológico. De ese modo, si no estás familiarizado con un concepto o con el contexto histórico de una cita bíblica, la app te ofrece información puntual y accesible. La clave no está en reemplazar la exposición de la Palabra, sino en brindarte recursos que te permitan profundizar e interactuar de forma más intencional con lo que escuchas.

Algunos temen que esta tecnología propicie la "comodidad espiritual", puesto que todo llega al creyente de manera casi automática. Sin embargo, la perspectiva contraria es que, si se utiliza adecuadamente, la IA motiva a la congregación a adentrarse en áreas específicas de su vida cristiana que necesitan crecer. Tal vez la aplicación detecte, a través de tus búsquedas o preguntas anteriores, que estás interesado en cómo enfrentar la ansiedad. Entonces, podría sugerirte oraciones, estudios bíblicos y canciones que hablen sobre la paz de Dios. En este sentido, la personalización no es un sustituto del compromiso personal, sino un estímulo que te invita a dar pasos concretos en tu discipulado.

## El peligro y la promesa de la personalización

Es inevitable plantear ciertos dilemas ante el uso de IA para personalizar el culto. Uno de ellos es la posible fragmentación de la comunidad: si cada persona recibe contenidos distintos, ¿no se corre el riesgo de perder la experiencia compartida que caracteriza el culto cristiano? Por mucho que la tecnología se refine, sigue siendo crucial el momento de la congregación unida en alabanza y aprendizaje, sin segmentaciones excesivas.

Con todo, si se maneja con sensibilidad, la personalización no tiene por qué fracturar la unidad. El programa "litúrgico" permanece igual para todos, pero cada creyente cuenta con un "asesor digital" que le ofrece profundizaciones acordes a su proceso espiritual. Piensa en ello como una herramienta de discipulado continuo: no se trata de experimentar un culto diferente por completo, sino de recibir un complemento dirigido a tus dudas, inquietudes y desafíos particulares. Además, la IA podría sugerir contenido para la semana, ayudándote a aplicar lo aprendido en el culto a tu vida cotidiana.

Otro tema sensible es la privacidad y el uso de datos. Para que la IA te conozca y te sugiera devocionales personalizados, necesita recopilar información de tus hábitos de lectura, tus respuestas a encuestas o tus patrones de interacción en redes sociales. Por consiguiente, la iglesia debe establecer políticas claras de protección de datos, uso ético de la información y total transparencia con los miembros. Solo así se puede generar la confianza necesaria para que la congregación abrace las ventajas de la IA sin temor a ser manipulada o expuesta a riesgos digitales.

## Integrando la comunidad online y offline

El concepto de servicio híbrido se ha vuelto cada vez más común, especialmente tras la pandemia que obligó a iglesias de todo el mundo a implementar transmisiones en vivo. Un culto híbrido no se limita a colocar una cámara y transmitir; va más allá. Implica diseñar la experiencia para que quienes participan en línea se sientan tan integrados como los que asisten de manera presencial. Aquí, la IA puede jugar un papel determinante al posibilitar herramientas de traducción simultánea, subtítulos en vivo y gestión de interacción con preguntas y respuestas en tiempo real.

Por ejemplo, en un culto presencial, el equipo de producción podría emplear un sistema de IA que reconozca el idioma principal de quien se conecta y ofrezca automáticamente la traducción adecuada. Así, si un creyente de habla inglesa se une a una iglesia hispanohablante, la herramienta generaría subtítulos o audio en inglés. Este avance rompe barreras idiomáticas y refuerza la idea de que la Iglesia es universal.

Además, en vez de ver la pantalla como una barrera, es posible utilizar la IA para crear sesiones de preguntas y respuestas durante la predicación. La gente que sigue el culto desde casa puede enviar sus dudas y comentarios, los cuales se agrupan y priorizan mediante un algoritmo que filtra preguntas repetidas o poco relevantes. Luego, el pastor puede dedicar unos minutos a responderlas en vivo. De esta manera, la congregación virtual deja de ser espectadora y se convierte en participante activa.

## El espíritu de Charles Spurgeon en la era digital

Charles Spurgeon, famoso predicador británico del siglo XIX, solía hablar de "usar todos los medios a nuestro alcance para proclamar la Palabra". En su tiempo, esos "medios" incluían la imprenta y las publicaciones masivas de sermones, que revolucionaron la difusión de sus mensajes. Hoy, nos toca interpretar ese espíritu misionero en la era digital. Las plataformas de videoconferencia, las aplicaciones de mensajería y las redes sociales son canales tan legítimos como lo fueron los libros y los folletos en la época de Spurgeon.

Incluso puedes imaginar cómo Spurgeon, de haber tenido acceso a un chatbot de IA, habría aprovechado la oportunidad para llegar a más almas con una versión instantánea de sus famosos sermones. Desde su perspectiva, no se trataba de sustituir la comunión personal, sino de ampliar la frontera de la evangelización y el discipulado. Siguiendo esa lógica, la iglesia de hoy puede servirse de la conectividad global para derribar muros físicos y mentales, recordando que el objetivo es proclamar el Evangelio y formar seguidores de Cristo en cada rincón del planeta.

No obstante, la cautela sigue siendo necesaria. El uso de la IA en los servicios híbridos y la iglesia conectada debe complementarse con un pastoreo cercano, una enseñanza bíblica sólida y un sentido comunitario que no dependa únicamente de la virtualidad. Después de todo, la fe cristiana enfatiza la importancia de la encarnación: Dios se hizo hombre para relacionarse con nosotros de manera directa. De la misma forma, la iglesia no puede reducirse a una transmisión digital o a un conjunto de recomendaciones personalizadas. El contacto humano y la vida en comunidad siguen siendo vitales para el crecimiento espiritual.

## Herramientas para el discipulado en línea

La iglesia conectada también implica rediseñar la forma en que se hace discipulado. Las clases bíblicas, los estudios en grupo y los programas de mentoría pueden adaptarse a un formato virtual o híbrido sin perder profundidad. La IA, aquí, ofrece funciones de seguimiento y recordatorios que pueden enriquecer la experiencia formativa. Por ejemplo, si estás participando en un curso sobre el Evangelio de Juan, la aplicación puede enviarte un breve cuestionario después de cada sesión para medir cuánto has retenido y en qué áreas requieres refuerzo.

Además, la IA podría sugerirte lecturas adicionales o ejercicios de meditación basados en los temas que más te interesan. Si nota que tus respuestas revelan dificultades para comprender la deidad de Cristo, te recomendará pasajes y comentarios que aborden específicamente esa cuestión. El objetivo no es automatizar la formación cristiana, sino facilitar que te involucres de forma activa, recibiendo retroalimentación y dirección más allá del momento presencial.

Para que esto funcione, la iglesia debe capacitar a los líderes y mentores, enseñándoles a integrar los recursos digitales en su metodología. El discipulado siempre ha requerido acompañamiento humano cercano, un "hacer camino juntos". Ahora, ese camino se complementa con herramientas tecnológicas que permiten un contacto continuo y personalizado, aun cuando no puedas reunirte físicamente cada semana.

## Integración de la adoración y la comunión virtual

La iglesia conectada trasciende el momento de la predicación o del estudio bíblico. La adoración musical, por ejemplo, puede adquirir un matiz más inclusivo cuando se integran a la transmisión personas que cantan o tocan instrumentos desde sus hogares. Si la IA coordina los tiempos de audio y video, se minimizan los desajustes propios de la transmisión en vivo, permitiendo una alabanza sincronizada. Aunque la atmósfera no sea idéntica a estar todos en un mismo lugar, la experiencia de unidad en el Espíritu se mantiene.

En paralelo, los momentos de comunión, como la Santa Cena, también pueden adaptarse con un enfoque híbrido. Algunas congregaciones invitan a quienes están conectados desde casa a preparar pan y jugo para participar del sacramento de manera simbólica junto con los presentes en el templo. Es cierto que la teología sacramental varía entre las denominaciones, y no todas aceptan esta modalidad. Pero allí donde se permite, la IA facilita la coordinación y el orden: envía recordatorios de preparación, indica el momento exacto para participar y, en algunos casos, muestra guías escritas o en video sobre la importancia del acto.

Este grado de conectividad en la reunión no busca reemplazar la presencia física, sino extender los límites de la comunidad a quienes, por enfermedad, distancia o situaciones particulares, no pueden estar físicamente. De esta manera, la celebración de la fe se vuelve inclusiva y compasiva, alineándose con el corazón de un Dios que desea acercarse a todos sin excepción.

## Superando las brechas tecnológicas

Pese a las ventajas que ofrece la IA en la iglesia conectada, es esencial reconocer que no todos tienen el mismo acceso a dispositivos electrónicos o a una conexión estable. Para una iglesia verdaderamente inclusiva, resulta prioritario encontrar maneras de que nadie se quede atrás por limitaciones tecnológicas. Algunas comunidades ofrecen talleres básicos de uso de aplicaciones, brindan tablets o equipos en préstamo, o ayudan a instalar redes de internet comunitarias en zonas rurales.

La tecnología no puede convertirse en una barrera que excluya a los más vulnerables. Parte del llamado cristiano es velar por la justicia y la igualdad de oportunidades, de modo que la "brecha digital" no se sume a otras formas de desigualdad que ya existen. Este tema también involucra la administración de recursos: ¿es prudente invertir grandes sumas en herramientas de IA cuando hay necesidades urgentes en la comunidad? La respuesta pasa por un equilibrio: aprovechar las innovaciones disponibles sin descuidar las responsabilidades fundamentales de solidaridad y ayuda mutua.

En ese sentido, el culto debe ser un proyecto que nazca del amor y del servicio, no de la vanidad de estar "a la última moda". Si la implementación de la IA no refleja el carácter de Cristo en la forma de cuidar al prójimo, entonces es mejor replantear la estrategia. Las innovaciones tecnológicas deberían ser siempre aliadas de la comunión y la compasión, jamás obstáculos que profundicen la brecha social.

## El futuro de la iglesia conectada

Mirando hacia adelante, uno puede imaginar escenarios aún más avanzados: asistentes virtuales que predigan tus preguntas sobre el sermón, sistemas de realidad virtual que te ubiquen en entornos bíblicos en tiempo real, o espacios interactivos donde el pastor y la congregación compartan visiones y experiencias a través de avatares en un metaverso cristiano. Suena futurista, pero algunos proyectos ya se están gestando en esa dirección.

La pregunta clave es: ¿qué necesita la Iglesia en cada contexto particular? No todas las comunidades estarán listas para integrar la realidad virtual en su culto o reunión, ni es obligatorio hacerlo. El verdadero desafío reside en discernir cuáles tecnologías sirven para edificar y cuáles son meras distracciones. La IA puede ser una aliada poderosa para la personalización y el alcance global, siempre que se mantenga la centralidad de la Palabra y la prioridad del amor de Dios en cada iniciativa.

De igual forma, es previsible que surjan debates teológicos y culturales sobre el exceso de virtualización del culto. Ante ello, la invitación es mantener un diálogo abierto, recordar la esencia del Evangelio y buscar la guía del Espíritu Santo en cada paso. La historia muestra que la Iglesia se ha adaptado a numerosos cambios sociales y tecnológicos a lo largo de los siglos. Lo esencial es no perder de vista la misión: ser luz en un mundo que anhela la presencia sanadora de Dios.

## Una invitación a la conexión y la comunidad

En última instancia, la iglesia conectada no es un fin en sí misma, sino una forma de extender el abrazo de Cristo a más personas. Ya sea a través de guías personalizadas que te ayuden a profundizar en tu devoción diaria o mediante servicios híbridos donde la congregación local se une a la virtual, la IA puede ampliar la capacidad de la Iglesia para acompañar y discipular. Charles Spurgeon, con su pasión por difundir la Palabra en todos los medios posibles, nos recuerda que la innovación no se opone a la reverencia; más bien, puede ser un instrumento divino para alcanzar a las almas.

La gran cuestión es mantener el equilibrio: usar la tecnología para fortalecer la comunión, sin dejar que la comodidad reemplace la entrega personal, y desplegar la creatividad digital sin perder la solidez de la tradición bíblica. Cuando la IA se emplea con discernimiento, la reunión se abre a un horizonte de posibilidades donde las barreras espaciales se disipan y cada creyente puede sentirse acompañado en su caminar con Dios.

Así, el culto cristiano conserva su esencia de adoración al Padre, al Hijo y al Espíritu Santo, pero adopta nuevos canales de expresión. Podrás vivir el gozo de la comunidad presencial y, al mismo tiempo, ser parte de una red global de fe que se sostiene mutuamente en la oración y en el servicio. Con corazón sincero y mente abierta, la iglesia conectada se convierte en una experiencia de gracia compartida, reflejando el anhelo divino de estar cerca de cada uno de nosotros, sin importar fronteras ni distancias.

# NODO #3 | COMUNIDAD Y TECNOLOGÍA

ENLACE I

# REDEFINIENDO LA CONEXIÓN HUMANA

Cuando piensas en la palabra "comunidad", quizá la asocies con reuniones físicas, rostros cercanos y una calidez palpable. Durante siglos, las iglesias y grupos de fe han fortalecido lazos alrededor de las comidas compartidas, las oraciones conjuntas y la celebración de la Palabra. Sin embargo, en la era digital, estos vínculos comienzan a traspasar las paredes del templo para anclarse también en espacios virtuales. La llegada de las redes sociales amplió la posibilidad de vincularse con personas de diferentes ciudades, países e incluso continentes.

Hoy, este fenómeno ha ido más allá. La inteligencia artificial (IA) aporta herramientas que intensifican la conexión y ofrecen nuevas experiencias de interacción. No se trata solo de intercambiar mensajes o publicar versículos en tu *feed* de Facebook o Instagram, sino de entrar en un proceso de discipulado y compañerismo donde la IA puede facilitar la organización, la personalización de contenido y el seguimiento de las necesidades de cada miembro. Con todo, el verdadero reto es combinar el potencial de la tecnología con el calor humano y la empatía que distinguen a la comunidad cristiana.

Si bien la Iglesia históricamente se ha adaptado a cada época, la rapidez con la que avanza la tecnología hoy exige un discernimiento constante. Como ocurrió cuando la imprenta revolucionó la difusión de la Biblia, en la actualidad las "autopistas de la información" ofrecen oportunidades evangelísticas y pastorales de una magnitud impresionante. Aun así, corresponde a cada comunidad decidir cómo usar estos recursos sin perder la esencia de la cercanía y la compasión cristianas.

## De las redes sociales a los ministerios digitales

Las redes sociales han dejado de ser meros sitios de interacción casual para convertirse en auténticos espacios de ministerio.

Durante años, pastores, evangelistas y líderes han utilizado plataformas como Facebook, YouTube o Instagram para difundir el Evangelio, impartir enseñanza bíblica y atender consultas espirituales. Ahora, la IA lleva estas dinámicas a un nuevo nivel. Es posible automatizar respuestas iniciales para quienes se acercan con peticiones de oración o con dudas teológicas, proporcionando una atención más veloz y permitiendo que el equipo pastoral se enfoque en acompañamientos que requieren mayor profundidad.

Imagínate que una persona busca consejo o apoyo en medio de una crisis familiar. Gracias a un "bot" de IA entrenado en contenidos cristianos, puede recibir al instante un mensaje que la anime a la fe y le ofrezca algunos versículos bíblicos pertinentes. Además, el sistema puede redirigirla hacia un líder o consejero humano que le brinde un acompañamiento más personalizado. De esta manera, la tecnología funge como una primera puerta de entrada, abriendo la posibilidad de un vínculo real y transformador.

Sin embargo, es fundamental no caer en la tentación de "robotizar" la pastoral. Por útiles que sean estos sistemas automatizados, ninguna respuesta generada por IA sustituye la calidez de una conversación íntima y sincera con un hermano en la fe. El auténtico discipulado cristiano implica escucha activa, empatía y una guía amorosa que no puede reducirse a parámetros preprogramados. De ahí que la Iglesia esté llamada a emplear estas herramientas con sabiduría, permitiendo que la IA libere tiempo para las relaciones humanas en lugar de sustituirlas.

## El cuidado de la empatía y la cercanía

Las iglesias y ministerios que se aventuran en el ámbito digital descubren pronto un reto: no perder la esencia de la empatía y el calor humano. La IA ayuda a administrar grandes volúmenes de información, pero cada persona necesita sentirse valorada y escuchada de manera genuina. Un simple mensaje de "Dios te bendiga" enviado por una aplicación no puede reemplazar el abrazo de una comunidad que sostiene en la oración, atiende necesidades concretas y ofrece acompañamiento en momentos de dolor o de gozo.

Algunos líderes temen que la incorporación de la IA promueva una interacción superficial, donde la inmediatez tecnológica empañe la profundidad relacional. No obstante, otros subrayan que, en un entorno de trabajo ministerial cada vez más exigente, la automatización de ciertas tareas (como el envío de recordatorios o la sistematización de peticiones de oración) permite que los pastores y voluntarios dediquen más tiempo a estar presentes para sus fieles. Con la IA encargándose de las gestiones administrativas y de los contactos iniciales, el ser humano puede focalizar su atención en aquello que realmente demanda cercanía emocional y espiritual.

En última instancia, la comunidad digital no excluye la comunidad presencial. Ambas facetas se retroalimentan. La persona que se conecta a un ministerio en línea puede, con el tiempo, buscar un grupo local para experimentar el calor de la convivencia cristiana en carne y hueso. Y quien participa en un templo físico puede ampliar su comunión con hermanos de otras latitudes mediante plataformas de interacción digital. Es en este equilibrio donde la Iglesia encuentra un modo de avanzar sin desligarse de la ternura y el amor que caracterizan a la familia de Dios.

## Un nuevo modelo de crecimiento y comunión

A lo largo de diferentes regiones, hay innumerables ejemplos de congregaciones que iniciaron pequeñas comunidades virtuales y han terminado forjando auténticas iglesias digitales. Por citar un caso, un grupo de oración que comenzó en

Facebook, reuniendo a personas con un deseo de interceder por causas comunes, fue creciendo hasta organizar reuniones semanales de adoración por videollamada. En esos encuentros, participantes de distintos países se conectaban para alabar, estudiar la Biblia e incluso compartir la Cena del Señor de manera remota.

En varios testimonios, quienes se suman a estos grupos explican que, pese a la distancia física, sienten una cercanía espiritual sorprendente. Se forman lazos de amistad, surgen equipos de servicio en línea que recaudan fondos para misiones, y se genera un sentido de comunidad que, si bien es distinto al presencial, no es menos real. Para muchos creyentes que viven en lugares apartados o que, por diversas razones, no pueden asistir a una iglesia local, estas plataformas se convierten en su refugio de fe y comunión.

Con el tiempo, algunos de estos ministerios digitales deciden dar un paso más e invitan a los miembros a organizar encuentros presenciales en sus respectivas ciudades . De esta manera, la relación virtual se vuelve un trampolín para un compañerismo todavía más profundo. Otros grupos optan por mantenerse 100% online, sobre todo cuando sus integrantes se hallan en zonas rurales, regiones con restricciones religiosas o incluso en diferentes continentes. En todos los casos, el objetivo sigue siendo el mismo: conectar a las personas con Dios y entre sí, valiéndose de las posibilidades tecnológicas disponibles.

## El ejemplo del apóstol Pablo y las carreteras romanas

La Biblia nos muestra un modelo inspirador en el apóstol Pablo. Este misionero incansable aprovechó las carreteras construidas por el Imperio romano para desplazarse y llevar el Evangelio a sitios que tal vez nunca habrían oído hablar de Cristo. Además, utilizó la cultura helenística de su tiempo para dialogar con filósofos y pensadores, contextualizando el mensaje de salvación. Hoy, podríamos trazar un paralelo entre esas carreteras físicas y las "autopistas de la información" que suponen internet y las redes sociales.

Así como Pablo discernió la forma de ser "todo para todos" (1 Corintios 9:22) sin diluir la esencia del Evangelio, la iglesia actual puede servirse de plataformas digitales para ampliar su alcance y derribar barreras culturales o geográficas. Redes sociales, videollamadas, foros de discusión y canales de mensajería instantánea son las nuevas carreteras que llevan el mensaje de gracia a millones de usuarios. La diferencia es que ahora existe la IA para optimizar la manera de presentar ese mensaje, personalizarlo y gestionarlo con mayor eficiencia.

Siguiendo el espíritu pionero de Pablo, cada congregación puede preguntarse: ¿dónde se encuentran hoy las personas que necesitan oír el Evangelio? ¿En qué plataformas digitales pasan su tiempo? ¿Cómo pueden las tecnologías actuales servir para que el mensaje sea comprensible y transformador? Este tipo de reflexión evita que la iglesia adopte la tecnología por simple moda, y la impulsa a integrarla con un propósito misionero y pastoral genuino.

## El poder de la comunidad virtual en la vida práctica

Una ventaja evidente de las comunidades digitales es su flexibilidad. Las barreras de horarios y distancias se atenúan, permitiendo que personas con agendas ocupadas o que viven en zonas remotas participen en grupos de estudio bíblico, consejería o adoración. Además, la inmediatez de la comunicación online ofrece un respaldo rápido ante emergencias o crisis personales. Si alguien se encuentra en un momento de angustia a medianoche, es factible que encuentre a otros creyentes conectados dispuestos a orar y brindar apoyo en tiempo real.

Otro punto a favor es la diversidad cultural y generacional que suele converger en estos espacios. Jóvenes, adultos y ancianos procedentes de distintos países comparten experiencias y perspectivas, enriqueciendo la comprensión colectiva de la fe. Este intercambio fomenta la empatía y la humildad al reconocer que la expresión cristiana puede tener matices distintos según la región o la tradición denominacional de cada uno.

Sin embargo, el surgimiento de la comunidad virtual también trae preguntas sobre el compromiso y la rendición de cuentas. ¿Cómo asegurar que cada miembro reciba un acompañamiento cercano y un discipulado sólido, más allá de las pantallas? Aquí la iglesia debe pensar estrategias para garantizar que haya líderes dispuestos a relacionarse personalmente, a aconsejar y a guiar, ya sea por medios digitales o mediante encuentros presenciales cuando sea posible. La IA y las plataformas online pueden ser aliadas, pero la construcción de una comunidad sólida sigue requiriendo un esfuerzo constante de parte de pastores y líderes.

## Implementando la IA en la construcción comunitaria

La IA no se limita a enviar respuestas automáticas o recopilar peticiones de oración. Algunas iglesias han ideado sistemas que analizan las publicaciones y comentarios de los miembros en redes sociales, identificando situaciones de riesgo o de necesidad urgente. Por ejemplo, si alguien menciona frecuentemente el tema de la depresión o expresa signos de desesperanza, el sistema puede alertar a un equipo pastoral que contacte a esa persona para brindarle contención y guía espiritual.

Además, la IA puede emplearse para formar "subcomunidades" basadas en intereses o etapas de la vida. Mediante un análisis de perfiles, la herramienta detecta afinidades y propone la creación de grupos temáticos (por ejemplo, para padres de niños pequeños, profesionales de la salud, estudiantes universitarios, etc.). Cada grupo, aunque se reúna en espacios virtuales, puede desarrollarse con la supervisión de un líder humano, combinando la conveniencia tecnológica con la calidez relacional que caracteriza a la familia de la fe.

Sin embargo, esta sofisticación requiere un manejo cuidadoso de la información personal y un código de ética claro. La iglesia debe velar para que los datos de sus miembros se usen únicamente con fines pastorales y de edificación mutua, evitando cualquier forma de manipulación o comercialización. El principio bíblico del amor al prójimo se traduce en prácticas responsables de seguridad y privacidad, protegiendo la dignidad de cada creyente.

## La calidez de lo humano en un mundo automatizado

En medio de la fascinación por la tecnología, es imperativo recordar que una de las grandes fortalezas de la Iglesia es su dimensión humana y encarnada. La Palabra se hizo carne y habitó entre nosotros (Juan 1:14), marcando un precedente de cercanía divina que se traduce en la vivencia de la fe cotidiana. Por mucho que la IA agilice procesos y brinde beneficios organizativos, no puede replicar el abrazo, la mirada compasiva o la oración conjunta que suceden cuando dos o más se reúnen en el nombre de Jesús.

Aun así, la herramienta tecnológica no tiene por qué competir con esa cercanía; puede potenciarla. Un pastor que recibe un reporte automatizado de las necesidades de su comunidad tiene más elementos para priorizar visitas, llamadas telefónicas o reuniones de cuidado. Una líder de grupo que emplea la IA para recordar fechas de cumpleaños y eventos importantes puede mostrarse más atenta con quienes, de otro modo, se sentirían olvidados. Todo depende de la motivación detrás de la tecnología: si se usa para amar mejor al prójimo, su implementación será bendecida.

La intuición y la sabiduría pastoral siguen siendo insustituibles. Nada reemplaza la guía del Espíritu Santo al discernir cómo actuar frente a una persona en crisis. Por más que un programa genere sugerencias o consejos, la decisión de intervenir con compasión, tiempo y escucha real recae en corazones humanos dispuestos a servir. La Iglesia, por lo tanto, tiene ante sí la oportunidad de unir lo mejor de la innovación digital con el amor tangible que siempre la ha distinguido.

## Una misión sin fronteras ni muros

La expansión de los ministerios digitales y la adopción de la IA han llevado a una misión evangelística sin precedentes. Es posible difundir mensajes y contenidos a comunidades enteras que, años atrás, habrían sido inaccesibles. Grupos clandestinos en países cerrados al cristianismo pueden recibir ánimo y enseñanza a través de canales cifrados. Misioneros en regiones remotas pueden compartir reportes y solicitar oración en tiempo real. De nuevo, el desafío radica en usar estos medios con responsabilidad y humildad, reconociendo que la salvación viene de Dios, no de los algoritmos.

Así como las carreteras romanas permitieron a Pablo y otros apóstoles llevar el Evangelio más lejos, las redes sociales y las plataformas virtuales se convierten ahora en puentes que conectan vidas alrededor del planeta. En ese contexto, resulta vital que la iglesia no caiga en la complacencia, pensando que la labor se reduce a subir contenidos o programar bots evangelísticos. La evangelización auténtica implica relación y seguimiento, implica responder preguntas e inquietudes, y guiar a la persona hacia un encuentro transformador con Cristo.

En consecuencia, la comunidad tecnológica de la fe está llamada a cultivar una disciplina de oración y dependencia de Dios. De nada sirve contar con los recursos más sofisticados si se pierde la convicción de que es el Espíritu Santo quien convence de pecado y conduce a la verdad. La tecnología puede proyectar el mensaje, pero la obra en el corazón pertenece al Señor.

## Hacia una visión integradora de la comunidad cristiana

La conexión humana se está redefiniendo en la era de la IA y las redes sociales, y la Iglesia no es ajena a ello. De las redes sociales a los ministerios digitales, de los bots de mensajería a los grupos de oración virtual, el reto es sostener una visión integradora que reconozca la valía tanto de lo presencial como de lo online. En este punto, la historia de la Iglesia se cruza con el presente tecnológico, recordándonos que la misión continúa y que el Evangelio sigue buscando nuevos caminos para llegar a los corazones.

Si la IA ayuda a organizar la información y las redes sociales facilitan la comunicación, la comunidad cristiana debe poner de su parte el amor, la empatía y la autenticidad que han caracterizado al cuerpo de Cristo a lo largo de los siglos. El equilibrio entre lo humano y lo digital se construye día a día, con decisiones pequeñas y grandes que reflejen el querer de Dios en nuestro tiempo. Nada puede sustituir la experiencia de abrazar a un hermano en la fe, de compartir una comida o de arrodillarse juntos en oración. Sin embargo, las plataformas digitales pueden acercar esos momentos a quienes no están físicamente presentes.

El apóstol Pablo aprovechó las herramientas de su época para llevar el mensaje de salvación a los confines del Imperio. En nuestro contexto, contamos con carreteras de información que cubren el globo entero. La invitación es a usarlas con pasión, integridad y una visión centrada en Cristo, para que cada alma que busque esperanza la encuentre en la comunidad que Dios sigue construyendo. En esa misión, la tecnología será una gran aliada, siempre que recordemos que el centro no es la máquina ni el sistema, sino las personas y el Señor al que servimos.

ENLACE II

# PASTORES VIRTUALES, ¿UNA GUÍA COMPLEMENTARIA?

En los últimos años, se ha producido una explosión de chatbots y asistentes virtuales capaces de responder, con sorprendente rapidez, preguntas de índole diversa. En el ámbito cristiano, esta revolución tecnológica ha dado lugar a herramientas que ofrecen versículos bíblicos, orientación básica y referencias teológicas en cuestión de segundos. Para muchos, contar con un "pastor virtual" disponible las 24 horas parece una bendición; para otros, una señal de que nos adentramos en territorios éticamente complejos.

La realidad es que las personas buscan respuestas inmediatas: a veces, en mitad de la noche, cuando la ansiedad asoma, o en horas de trabajo, cuando no hay tiempo de consultar con un líder de carne y hueso. En estos escenarios, un sistema automatizado puede ofrecer una palabra de aliento o sugerir textos bíblicos relevantes. Sin embargo, la inmediatez tiene sus límites. Por mucho que un chatbot "aprenda" de enormes bases de datos, la empatía y el acompañamiento profundo son atributos difícilmente replicables por un algoritmo. Como bien decía C. S. Lewis, "no hay sustituto para el calor de un corazón comprensivo".

La proliferación de estos asistentes virtuales nos obliga a plantearnos algunas preguntas: ¿hasta dónde puede llegar la interacción hombre-máquina en el contexto de la fe? ¿En qué momento se convierte la IA en un sustituto peligroso de la guía pastoral? ¿Cómo asegurarnos de que la automatización no reemplace la genuina comunión que caracteriza a la familia de Dios? Este capítulo busca arrojar luz sobre los beneficios y los límites de los "pastores virtuales" y, sobre todo, recalcar la importancia de mantener viva la dimensión humana en un mundo cada vez más automatizado.

## Beneficios inmediatos de los asistentes virtuales

Hay varias razones por las que un asistente virtual puede resultar útil en la comunidad de fe. Primero, está la disponibilidad. Una aplicación no duerme ni necesita días libres. Cuando alguien está atravesando una crisis emocional a las tres de la mañana o se encuentra en un lugar sin acceso a una iglesia, tener un recurso que proporcione devocionales, versículos de aliento o sugerencias de oraciones puede marcar una diferencia. No se trata de minimizar la importancia del encuentro con un líder espiritual, sino de brindar un apoyo inicial que, de otro modo, no existiría.

Segundo, la inmediatez. La naturaleza humana busca soluciones rápidas, y la tecnología responde a esa necesidad. La persona que, en un momento de turbación, recibe un mensaje bíblico adecuado o un consejo orientado a su situación específica, puede sentir un alivio momentáneo y decidir buscar más ayuda. En este sentido, el chatbot funciona como un puente que conduce al acompañamiento humano posterior.

Tercero, la accesibilidad. Muchas comunidades carecen de un número suficiente de consejeros o pastores disponibles para atender, de manera personal, a un gran número de personas. La IA puede ser un filtro inicial o un complemento para derivar casos que requieren atención más profunda. Por ejemplo, si el chatbot detecta, a través de ciertas palabras clave, que un usuario está en riesgo de depresión severa o ideas suicidas, puede enviar una alerta a un líder preparado para intervenir.

## La imposibilidad de replicar la empatía humana

Por más avances que haya en el campo de la inteligencia artificial, la capacidad de empatizar sigue siendo un rasgo netamente humano (y divino). Un chatbot puede imitar patrones de respuesta, pero no experimenta compasión genuina.

Aunque reconozca el lenguaje de la tristeza o la angustia, su reacción está basada en fórmulas y datos, no en una comprensión íntima del sufrimiento ajeno.

Aquí reside uno de los mayores límites de los pastores virtuales: no pueden ofrecer la presencia real de una persona que escucha, ora y llora contigo. La fe cristiana se fundamenta en la encarnación (Dios haciéndose hombre), lo cual resalta la importancia del contacto humano. Cuando una oveja herida necesita consuelo, nada reemplaza el abrazo o la palabra oportuna de un líder empático. El asesoramiento que se nutre del Espíritu Santo no puede reducirse a un algoritmo, por sofisticado que sea.

Así, mientras un asistente virtual puede funcionar como un recurso inicial, el auténtico pastoreo requiere la intervención de alguien capaz de discernir, de manera personal, la voluntad de Dios y el estado del corazón de la otra persona. Dicho de otro modo, la IA puede recitar un versículo; el pastor humano ayuda a aplicarlo en el contexto de una vida real, con matices y luchas específicas.

## La tentación de la automatización excesiva

En un mundo donde todo busca optimizarse, existe el riesgo de que algunas iglesias se sientan tentadas a "automatizar" demasiado. En lugar de mentores de carne y hueso, podrían depositar toda su confianza en un sistema que brinde respuestas estándar, enviando devocionales masivos o gestionando peticiones de oración como si se tratara de un centro de llamadas. Esta actitud, aunque comprensible por el deseo de eficiencia, puede desdibujar la identidad de una comunidad basada en la relación personal y el amor fraternal.

La vida cristiana supone una experiencia relacional, en la que cada individuo importa y es atendido no solo con información, sino con afecto y comprensión. Imagina a un nuevo creyente que, en vez de ser invitado a un grupo de discipulado con hermanos comprometidos, se "conforma" con las respuestas de un chatbot. Podría aprender datos sobre la Biblia, pero se perdería el calor de compartir un testimonio, las risas y los silencios que se dan en el encuentro con otros creyentes, y la posibilidad de hallar un mentor que lo oriente en su caminar.

Por esta razón, la iglesia necesita establecer límites claros en el uso de asistentes virtuales. No están llamados a reemplazar las tareas centrales del pastorado, sino a complementarlas. Ante desafíos profundos —como problemas familiares, orientación vocacional, restauración emocional— es vital la intervención de personas que encarnan la misericordia y la sabiduría de Cristo. La IA, con todo su potencial, no puede reproducir la capacidad humana de amar.

## Ejemplos de uso positivo de los pastores virtuales

No todo es pesimismo o riesgos en torno a los "pastores virtuales". Existen ejemplos de cómo, bien empleados, estos asistentes pueden impulsar la vida espiritual de muchas personas. En algunas congregaciones, se ha implementado un sistema de mensajería en el que los miembros envían peticiones de oración y reciben, casi al instante, un versículo adaptado a su situación o un pasaje devocional recomendado. La respuesta breve del chatbot se complementa luego con un seguimiento humano: un líder recibe la notificación y, en las siguientes horas, contacta personalmente a quien solicitó la oración.

De igual forma, en ministerios enfocados en el alcance juvenil, los asistentes virtuales pueden responder a interrogantes sobre doctrina, ética cristiana o incluso proveer explicaciones básicas sobre la fe. Así, liberan a los líderes para dedicar más tiempo a encuentros presenciales, retiros y espacios de interacción más profunda. También hay experiencias de chatbots que ayudan a organizar la lectura bíblica en grupo, sugiriendo lecturas diarias o enviando recordatorios de estudio, algo especialmente valioso para quienes necesitan disciplina en su hábito devocional.

Estos usos muestran que la IA no está reñida con un discipulado auténtico, siempre y cuando sea vista como una herramienta y no como la substitución de la figura pastoral. El toque personal, la oración y el testimonio siguen siendo indispensables, mientras que la tecnología puede agilizar la logística y ofrecer un acompañamiento de primer nivel.

## La cultura de la inmediatez y sus efectos

La posibilidad de recibir respuestas instantáneas ante cualquier pregunta bíblica o duda existencial refleja una cultura que valora la inmediatez por encima de todo. En ese contexto, la figura del pastor virtual parece encajar a la perfección. Sin embargo, la vida cristiana es un proceso que frecuentemente requiere pausas, silencios y espera. No siempre las respuestas de Dios llegan de forma instantánea; a veces, el crecimiento espiritual se forja en la paciencia y el cuestionamiento persistente.

El riesgo es que, acostumbrados a la reacción inmediata de un asistente virtual, los creyentes puedan perder la disposición a la reflexión y la meditación profundas. Contestaciones rápidas pueden ser útiles en lo urgente, pero las grandes transformaciones del corazón suelen surgir de la convivencia con otros, del contacto prolongado con la Palabra y de la acción del Espíritu Santo que, en su misterio, no sigue los horarios de los algoritmos.

Para contrarrestar este efecto, los líderes deben enseñar la importancia de combinar la rapidez de la tecnología con la lentitud necesaria para la madurez espiritual. Es decir, un chatbot puede darte una frase de aliento, pero debes complementar esa búsqueda con una lectura sosegada de la Escritura, la guía de un mentor y la participación en la comunión de la iglesia.

## Mantener lo humano en un mundo cada vez más automatizado

La clave radica en ver la IA como un asistente y no como un reemplazo. Por mucho que la tecnología avance, la presencia física, la oración en comunidad y el consejo sabio de líderes espirituales siguen siendo pilares insustituibles de la vida eclesial. La fe cristiana se fundamenta en la "encarnación" de Dios: Jesús vino y vivió entre nosotros, compartiendo nuestra humanidad. Esto muestra que la cercanía, la compasión y la escucha personal están en el corazón del Evangelio.

En consecuencia, cada iglesia y ministerio debe plantear pautas claras para el uso de la IA, de modo que siempre se complemente con la intervención humana. Por ejemplo, se puede definir que los chatbots solo den primeras respuestas o direcciones, pero que todo acompañamiento profundo se derive a un equipo de pastores o mentores. También resulta aconsejable formar a los líderes en el uso responsable de la tecnología, evitando la tentación de delegar en la máquina la labor pastoral que demanda contacto personal.

Mantener lo humano implica cultivar la hospitalidad y la calidez que caracterizan a la familia de Dios. La tecnología puede ayudar a establecer un primer contacto, pero la relación profunda nace del encuentro cara a cara, del compartir testimonios y del servicio mutuo. No se trata de negar los beneficios de la IA, sino de integrarlos sin sacrificar la esencia relacional que define a la comunidad cristiana.

## La oración como punto de encuentro

En medio del auge de la automatización, la oración conjunta sigue siendo un "lugar sagrado" donde se forja la comunión de los santos. Ni el chatbot más avanzado puede sustituir esa experiencia de dos o más personas unidas clamando al

Padre. Para proteger esta dimensión de la vida de iglesia, conviene reforzar los espacios de intercesión corporativa y de devocionales presenciales. La tecnología puede recordarte una cita para orar, pero no reemplaza la vivencia de sentarse al lado de un hermano, sostener sus manos y elevar una súplica comunitaria.

Si el pastor virtual se limita a recetar oraciones "prefabricadas", el pueblo pierde la riqueza de la diversidad de voces humanas al orar. El Espíritu Santo obra de manera especial cuando los corazones se entrelazan en la búsqueda de Dios, algo que ningún algoritmo logra replicar. Por eso, la oración se convierte en el eje que confirma la centralidad de Cristo y la importancia de la comunión real, sea en un templo o en un grupo pequeño.

## La retroalimentación y el crecimiento congregacional

La introducción de pastores virtuales, en la medida en que sean supervisados, puede ofrecer datos valiosos para el equipo pastoral. Por ejemplo, se podrían recopilar estadísticas sobre los temas más consultados (ansiedad, falta de sentido, problemas familiares, etc.), detectando áreas donde la iglesia necesita reforzar su enseñanza y acompañamiento. Esta retroalimentación orientada por IA puede traducirse en series de predicaciones, talleres o cursos enfocados en las necesidades reales de la congregación.

Del mismo modo, si un asistente virtual advierte patrones de conducta que requieren intervención (comentarios de ideación suicida, violencia o adicciones), el equipo pastoral puede reaccionar con la urgencia que la situación amerita. En ese sentido, la tecnología se convierte en un aliado para "vigilancia" pastoral, siempre que exista un compromiso firme de proteger la privacidad y tratar cada caso con discreción y respeto.

Este enfoque, sin embargo, exige una cultura de responsabilidad en la que todos entiendan que la herramienta no suple al pastor ni a la comunidad. La IA brinda recursos e información, pero es la iglesia —en su faceta humana— quien decide cómo atender y amar a las personas con problemas concretos. Un chatbot no puede visitar a un enfermo en el hospital ni ofrecer un hombro para llorar, pero sí puede alertar de que alguien necesita ese cuidado presencial.

## Un horizonte de colaboración, no de sustitución

Mirando al futuro, es casi seguro que surgirán sistemas cada vez más "inteligentes" en el ámbito espiritual. Algunos hablarán incluso de "iglesias virtuales" con pastores automatizados que predican y aconsejan. No obstante, la fe cristiana parte de la convicción de que la comunidad está compuesta por personas y que el Espíritu Santo se mueve en el encuentro de los creyentes. Por lo tanto, la IA se perfila como un colaborador significativo, pero no como un sustituto de la guía pastoral.

La verdadera sabiduría consiste en reconocer la utilidad de estas herramientas, aprovechándolas para atender mejor a los miembros y facilitar el contacto inicial con quienes necesitan orientación. Al mismo tiempo, la iglesia no puede perder su esencia de familia de la fe, marcada por la vivencia de la encarnación, el perdón, el apoyo mutuo y la esperanza compartida. Aunque un asistente virtual te brinde un versículo a las tres de la mañana, nada podrá desplazar el valor de un pastor o un hermano que acude a tu lado, escucha tus lágrimas y te muestra amor tangible.

En definitiva, la IA ofrece una guía complementaria: una mano que extiende recursos rápidos, pero que siempre debe conducir a la experiencia humana de la comunidad cristiana. Así, el pueblo de Dios avanza hacia un futuro tecnológicamente complejo, sin renunciar a la calidez, la empatía y la relación viva que sostienen la fe en Jesucristo. De esta manera, la iglesia aprende a navegar entre algoritmos y códigos, manteniendo el corazón en lo más elevado: el amor que vino a habitar entre nosotros.

ENLACE III

# GRUPOS PEQUEÑOS EN UN MUNDO GRANDE

Durante décadas, los grupos pequeños (también conocidos como células o grupos de conexión) han sido el corazón de muchas comunidades cristianas. En estos espacios íntimos, los creyentes comparten sus luchas, estudian la Biblia con mayor profundidad y oran unos por otros de manera cercana. Sin embargo, en medio de un mundo cada vez más globalizado, mantener la cohesión y la regularidad de esos encuentros puede ser un desafío, especialmente cuando los miembros del grupo viven en distintas ciudades o tienen agendas muy ocupadas.

La tecnología ha aportado soluciones innovadoras para sostener y reactivar la dinámica de los grupos pequeños. Desde las plataformas de videollamadas hasta las aplicaciones de mensajería, cada vez es más sencillo reunir a personas separadas por cientos o miles de kilómetros. Ahora, con la llegada de la inteligencia artificial (IA), se abre un nuevo abanico de posibilidades para el discipulado y la formación espiritual. Herramientas capaces de sugerir planes de estudio bíblico, recordatorios y hasta dinámicas de aprendizaje interactivas pueden hacer que el grupo se mantenga unido y enfocado, a pesar de las distancias geográficas.

El resultado es un renacer de las células cristianas a nivel global. Donde antes era difícil formar un grupo estable por falta de tiempo o de transporte, hoy basta con un enlace de videoconferencia y la voluntad de conectarse. Sin embargo, el gran desafío sigue siendo preservar la calidez y la cercanía que hacen de los grupos pequeños algo tan especial. La tecnología por sí sola no logra forjar la intimidad necesaria para el discipulado, pero, bien empleada, puede facilitar el encuentro personal y espiritual que tanto anhelan los creyentes.

## Ejemplos de grupos de discipulado potenciados por la tecnología

Uno de los ejemplos más ilustrativos proviene de una iglesia en Ciudad de México que logró reunir semanalmente a jóvenes de distintos países de América Latina para estudiar la Biblia. Lo hacían a través de una aplicación de videollamadas, en la que habilitaban "salas" virtuales para dividirse en subgrupos y profundizar temas específicos.

El uso de la tecnología no terminaba allí: un asistente virtual se encargaba de enviar recordatorios, resúmenes de la sesión anterior y versículos que conectaban con los temas tratados.

La clave para el éxito de este grupo estuvo en la combinación de lo humano y lo digital. Por un lado, los participantes tenían la oportunidad de verse las caras, compartir testimonios y orar de manera conjunta, sin importar la distancia. Por otro, la IA se ocupaba de cuestiones logísticas —como organizar las lecturas bíblicas y enviar preguntas de reflexión— liberando a los líderes para centrarse en el acompañamiento pastoral y el discernimiento espiritual. Aquellos que, en otro contexto, habrían permanecido aislados, encontraron un espacio de comunión y crecimiento.

Además, el equipo pastoral aprovechó la retroalimentación automática generada por la plataforma para conocer el progreso de cada joven y las dudas más recurrentes en las reuniones. Con esta información, podían diseñar planes de discipulado más personalizados, asegurándose de que el grupo se mantuviera en un proceso de madurez integral. El resultado fue un grupo de jóvenes conectados no solo virtualmente, sino también en un sentido profundo de hermandad, demostrando que la tecnología puede potenciar la experiencia de los grupos pequeños sin diluir su esencia.

## IA al servicio de la enseñanza interactiva

La posibilidad de emplear IA en la dinámica de los grupos pequeños va más allá de simples recordatorios. Algunas plataformas ofrecen módulos de aprendizaje automático que pueden proponer métodos de enseñanza interactivos, basados en la retroalimentación que cada miembro del grupo proporciona. Por ejemplo, si un grupo se muestra particularmente interesado en la historia de la Iglesia primitiva, el sistema puede sugerir lecturas complementarias, videos explicativos o debates guiados sobre el libro de Hechos.

Asimismo, se pueden generar cuestionarios o encuestas adaptativas que midan la comprensión de los estudios bíblicos, detectando debilidades o lagunas en el aprendizaje. En lugar de un currículum rígido, el grupo avanza de manera flexible, ajustándose a sus propias necesidades e intereses. La IA puede incluso intercalar pequeñas dinámicas lúdicas —como trivias o desafíos de memorización de versículos— para añadir un componente de diversión y motivación.

Si bien la herramienta digital no sustituye la sabiduría de un líder experimentado, sí puede funcionar como un refuerzo para la labor de discipulado. El líder, apoyado por los datos y sugerencias que arroja la IA, se vuelve más efectivo al guiar las discusiones y al interceder por cada miembro. Además, la inteligencia artificial permite el acceso inmediato a comentarios bíblicos, devocionales y estudios teológicos, lo cual enriquece enormemente las sesiones, sobre todo cuando en el grupo hay personas con distintas formaciones o que recién se inician en la fe.

## Fortaleciendo los lazos a distancia

Uno de los mayores desafíos para los grupos pequeños en línea es la creación de lazos cercanos y auténticos. Históricamente, el discipulado florece en la vida compartida, en la visita a los hogares, en el trabajo en equipo durante actividades misioneras o de servicio social. ¿Cómo trasladar esas dinámicas a un entorno virtual? Resulta esencial fomentar espacios informales donde los miembros puedan conocerse más allá del estudio bíblico. Por ejemplo, dedicar unos minutos de cada reunión a compartir noticias personales, celebrar cumpleaños o simplemente conversar sobre la vida cotidiana.

La IA puede contribuir a fortalecer estos lazos organizando juegos de integración o actividades temáticas. Imagina un "test de personalidad bíblica" generado por la plataforma, donde cada participante descubre a qué personaje del Antiguo Testamento se parece más y luego comparte sus impresiones con los demás. Estas iniciativas, aunque parezcan pequeñas, ayudan a forjar vínculos y a humanizar la interacción a través de la pantalla.

Sin embargo, la piedra angular sigue siendo el cuidado pastoral y la dirección espiritual. La tecnología abre caminos para que los líderes se mantengan al tanto de las inquietudes y progresos del grupo, pero es su empatía y su escucha activa las que marcarán la diferencia. Los grupos que alcanzan una verdadera intimidad online suelen tener líderes que se esfuerzan por crear un ambiente donde cada persona se sienta valorada y motivada a seguir creciendo en su relación con Dios.

## Personalizando el acompañamiento espiritual

Más allá de la organización, la tecnología puede ayudar a personalizar la experiencia de cada miembro en el grupo pequeño. ¿Cómo? A través de plataformas que registran peticiones de oración, anotaciones personales y metas de crecimiento. El líder del grupo, o incluso el equipo pastoral de la iglesia, podría acceder a un panel donde visualizar la evolución de cada integrante: qué temas le interesan, qué áreas de su vida necesitan más oración y qué pasajes bíblicos parecen resonar con su corazón.

De esta manera, el discipulado adopta un carácter más profundo. El líder deja de manejar información genérica y puede orar e interceder con conocimiento de causa. Si nota que alguien menciona repetidamente la ansiedad o el temor al futuro, sabrá qué recomendaciones ofrecerle, qué pasajes bíblicos sugerir o a qué consejero experto remitirlo. El soporte tecnológico permite, además, llevar un registro de las respuestas de oración, lo que fomenta la gratitud y la conciencia de la fidelidad de Dios a lo largo del tiempo.

Por otro lado, los miembros del grupo pueden sentirse animados al ver sus propios avances y al recibir el aliento de los demás. Tal vez una persona se proponga memorizar un versículo por semana y la plataforma le recuerde su meta, celebrando sus logros y motivándola a perseverar. Estas dinámicas, comunes en aplicaciones de salud o educación, se adaptan al ámbito espiritual para impulsar el crecimiento y la comunión fraternal.

## Fomentando el servicio y la acción misionera

La dimensión relacional de los grupos pequeños no se queda en la edificación interna: también debe proyectarse hacia el servicio y la misión. Algunas iglesias utilizan aplicaciones que permiten agendar y asignar proyectos de ayuda social, visitas a hospitales o campañas evangelísticas en diferentes lugares. El asistente virtual puede proponer planes de logística y equipos de trabajo en función de la disponibilidad de los miembros y sus dones espirituales.

Además, la IA puede manejar bases de datos de organizaciones benéficas, misioneros, y oportunidades de voluntariado, sugiriendo opciones de acuerdo con los intereses y la ubicación geográfica de los participantes. Así, un grupo que se reúne online, cuyos integrantes se encuentran en distintas ciudades, puede colaborar en proyectos humanitarios o en la traducción de recursos cristianos para comunidades que lo requieran. La tecnología deja de ser un mero canal de comunicación para convertirse en un impulso que conecta la fe con la acción solidaria.

En este sentido, los grupos pequeños se convierten en células vivas que no solo estudian y oran, sino que también responden con hechos concretos a las necesidades del prójimo. El enfoque de discipulado adopta una perspectiva integral, donde el amor a Dios se expresa a través del amor al prójimo. Si la herramienta virtual facilita la coordinación y el seguimiento de dichas acciones, la comunidad experimenta un renovado sentido de propósito y fraternidad.

## Cultivando la presencia del Espíritu Santo

Ninguna tecnología, por avanzada que sea, puede reemplazar la obra del Espíritu Santo en la vida de los creyentes. Este principio aplica también a los grupos pequeños que funcionan con el apoyo de IA. Es vital recordar que el rol principal de la iglesia —y, por extensión, de cada grupo— es cultivar un ambiente donde el Espíritu de Dios sea bienvenido y libre para transformar corazones. En la era digital podríamos decir que es la fe, apoyada en el uso sabio de la tecnología, la que impulsa la comunidad hacia nuevos horizontes de amor y servicio.

En un grupo pequeño que se reúne en línea, se pueden incorporar momentos de silencio y oración conjunta, espacios de escucha en los que cada participante comparta brevemente lo que el Espíritu pone en su corazón, o lecturas devocionales que trasciendan la información y provoquen un encuentro genuino con el Señor. Aquí la tecnología cumple un papel secundario pero valioso: ofrecer las facilidades técnicas para que el grupo se concentre en lo esencial, sin distracciones.

Por supuesto, habrá quienes señalen que la presencia física es irremplazable. Y tienen razón en muchos aspectos. Sin embargo, cuando la comunidad online se sostiene en la Palabra, en la oración y en la búsqueda sincera del Espíritu, la distancia pierde peso. Dios no está limitado por las fronteras geográficas ni por las pantallas; su amor alcanza al creyente en cualquier lugar. Esta convicción, unida a la buena administración de los recursos tecnológicos, da forma a grupos pequeños sólidos y con una identidad cristocéntrica.

## Retos y precauciones en el uso de la tecnología

A pesar de los beneficios innegables, no todo es color de rosa en la adopción de plataformas digitales y de IA para los grupos pequeños. Uno de los riesgos principales es la dependencia excesiva: volverse tan dependientes de la herramienta que, si esta falla o deja de funcionar, el grupo se desintegra. Otro riesgo es el manejo inadecuado de datos personales, pues registrar peticiones de oración o temas sensibles sin la debida protección puede exponer a los miembros a violaciones de su privacidad.

Asimismo, existe la tentación de reemplazar la profundidad relacional con la conveniencia de lo virtual. Un estudio bíblico puede volverse mecánico si los miembros solo responden formularios o siguen una guía automatizada sin el esfuerzo de confrontar sus vidas con la Palabra y de compartir vulnerabilidades. Para contrarrestar esto, los líderes deben promover encuentros presenciales cuando sea posible, o al menos fomentar reuniones que, aunque sean virtuales, incluyan espacio para la conversación espontánea, la empatía y la risa compartida.

La iglesia también debe ser sensible a la realidad de la "brecha digital": no todos tienen acceso a la tecnología o se sienten cómodos con ella. Incluir a las personas de la tercera edad o a quienes viven en zonas con poca conectividad implica ofrecer alternativas y capacitación, de forma que nadie quede excluido de la experiencia de grupo pequeño por falta de recursos o conocimientos.

## Sinergia entre la gran asamblea y el grupo pequeño

El modelo de grupos pequeños no sustituye la reunión congregacional más amplia, sino que la complementa. Por un lado, el culto dominical o la celebración general proporciona la identidad y la visión conjunta de la iglesia. Por otro, los grupos pequeños representan el espacio de intimidad y acompañamiento cercano. La tecnología, al integrarse en ambos niveles, propicia una continuidad que refuerza la pertenencia y evita que las personas se sientan perdidas en medio de una comunidad numerosa.

Imagina que después del mensaje del domingo se sugerirán, mediante una app, preguntas para el grupo pequeño de la semana. El pastor plantea el tema general, pero los líderes de grupo profundizan a través de discusiones y testimonios personales. La IA, en segundo plano, recoge comentarios, preguntas y reacciones, proporcionando al equipo pastoral una "radiografía" del impacto del mensaje en la congregación. Así, se genera una sinergia donde la tecnología conecta el evento masivo con la experiencia personalizada del discipulado.

Esta armonía entre la asamblea grande y el grupo pequeño otorga a la iglesia una capacidad de respuesta y adaptación que se adecúa a la época actual. Cada persona deja de ser un número en una multitud y encuentra un lugar concreto para crecer, servir y ser amada. Al mismo tiempo, las plataformas digitales facilitan la comunicación entre los distintos grupos, fomentando el sentido de pertenencia a un solo cuerpo, aunque esté conformado por múltiples células.

## Hacia comunidades más fuertes y conectadas

En última instancia, los grupos pequeños potenciados por la tecnología representan la oportunidad de fomentar una mayor intimidad y crecimiento espiritual en un mundo que suele distanciarnos. Con ayuda de la IA y las aplicaciones de videollamadas, la comunidad cristiana derriba barreras geográficas y de horario, abriéndose a la participación de personas que antes habrían permanecido al margen. Este enfoque inclusivo y dinámico puede revitalizar el discipulado, permitiendo que más creyentes asuman roles de liderazgo y cuidado.

Tal como decía Moody: "La fe hace grandes cosas". Hoy, esa fe, respaldada por el uso correcto de la tecnología, puede ayudar a la iglesia a extender el amor de Dios de maneras nunca antes vistas. Cada grupo, cada célula, puede transformarse en un espacio de refugio y edificación, ya sea en un salón de casa, en un templo, o a través de la pantalla en una videollamada. Lo esencial es entender que la tecnología es una herramienta al servicio de la comunión, no su reemplazo.

Mientras las iglesias avanzan en esta dirección, se hace cada vez más evidente que ni la IA ni las plataformas virtuales suplirán la presencia del Espíritu Santo ni la auténtica relación que se desarrolla cuando dos o tres se reúnen en el nombre de Jesús. Pero, al aprender a utilizar estos recursos con discernimiento, la comunidad cristiana puede multiplicar sus áreas de impacto y profundizar sus vínculos fraternos, cumpliendo el llamado de "crecer en la unidad de la fe" (Efesios 4:13) en un mundo cada vez más grande... y cada vez más conectado.

ENLACE IV

# LA IGLESIA EN LA NUBE

La idea de una iglesia completamente virtual puede parecer radical, pero en el contexto de la revolución digital que vivimos, resulta casi natural que la comunidad de fe explore nuevas fronteras. Tradicionalmente, la iglesia ha sido asociada con un edificio físico, un lugar de reunión donde las personas se congregan para orar, alabar y escuchar la Palabra de Dios. Sin embargo, la tecnología actual permite romper esas limitaciones espaciales e imaginar una "iglesia en la nube" que funcione las 24 horas y llegue a cualquier rincón del planeta.

Para muchas personas, la posibilidad de participar en servicios de adoración, enseñanza bíblica y discipulado sin tener que desplazarse físicamente supone un enorme beneficio. Quienes sufren de movilidad reducida, enfermedades crónicas o habitan en regiones remotas donde no existe una congregación cercana, pueden encontrar en la iglesia virtual un hogar espiritual accesible. Además, la pandemia que afectó al mundo hace unos años evidenció la necesidad de desarrollar estos espacios virtuales como alternativa cuando los templos físicos cierran o cuando las restricciones de movilidad entran en juego.

Aun con todos sus aportes, la iglesia 100% virtual despierta recelos. Algunos líderes temen que la experiencia digital genere aislamiento, superficialidad o que promueva un culto centrado en la comodidad del sofá de casa en lugar de la comunión con hermanos en la fe. Sin embargo, cuando se gestiona con sabiduría, la iglesia en la nube no tiene por qué reemplazar la presencialidad, sino complementarla, expandiendo el alcance evangelístico y pastoral hasta los lugares más recónditos.

## Rompiendo fronteras geográficas

Una de las principales ventajas de la iglesia digital es que rompe los límites geográficos. Gracias a plataformas de videoconferencia, redes sociales y herramientas colaborativas, las congregaciones virtuales pueden incluir a creyentes de distintos países, idiomas y culturas. Esto enriquece enormemente la experiencia de fe, pues cada uno aporta su perspectiva y testimonio, generando un sentido de unidad global.

Además, la iglesia virtual puede ofrecer una puerta de entrada a quienes, por timidez o inseguridad, nunca se han atrevido a visitar un templo físico. Un simple enlace o una aplicación móvil bastan para asomarse, de manera discreta, a una reunión virtual y escuchar un mensaje que puede transformar corazones. A menudo, las personas que dan este primer paso online terminan conectándose con la comunidad y, cuando es posible, buscan encuentros presenciales para profundizar la relación con sus hermanos en Cristo.

En ese sentido, la "nube" no es un lugar estático, sino un espacio de transición y encuentro. El evangelista Billy Sunday afirmaba que la conversión podía ocurrir en cualquier lugar, incluso en una banca de béisbol. Del mismo modo, ¿por qué no en un chat de mensajería instantánea, en un culto por Zoom o en una página web de transmisión en vivo? El Espíritu Santo no está limitado por la distancia ni por las pantallas; puede obrar poderosamente en las almas que se disponen a escuchar el Evangelio.

## Inclusión de personas con movilidad reducida o aislamiento

La iglesia en la nube representa un verdadero regalo para aquellos que, por razones médicas o de aislamiento geográfico, no podrían congregarse de otra forma. Personas con enfermedades crónicas, adultos mayores, cuidadores que no pueden ausentarse de su hogar y un sinfín de situaciones encuentran en la virtualidad la posibilidad de conectarse y participar activamente en los servicios. Esto no solo favorece su crecimiento espiritual, sino que también previene la sensación de soledad y desconexión que a menudo afecta a quienes están recluidos en casa.

Por otra parte, las comunidades virtuales pueden organizar espacios de consejería y acompañamiento pastoral a distancia, brindando un apoyo que, en muchos contextos, sería imposible de otra manera. Un pastor o consejero entrenado puede programar videollamadas con miembros que necesitan orientación, orar con ellos y brindarles seguimiento, sin la limitación de la distancia física. El uso de la tecnología abre un abanico de posibilidades para llevar cuidado pastoral a lugares donde nunca se pensó que llegaría.

Estas oportunidades exigen un cambio de mentalidad en la forma de concebir la iglesia. El edificio deja de ser el punto central y se transforma en una opción entre varias para el encuentro cristiano. El mayor desafío, entonces, consiste en preservar la experiencia de comunión profunda, de crecimiento mutuo y de servicio que caracteriza al cuerpo de Cristo, incluso cuando los integrantes no se ven cara a cara en un mismo lugar.

## Recelo frente a la desconexión humana

No son pocos los líderes cristianos que ven con recelo la idea de una iglesia totalmente virtual. Argumentan que el encuentro cara a cara, la convivencia en actividades presenciales y la interacción espontánea forman parte esencial de la vida cristiana. La comunidad digital, temen, puede volverse un "consumo de contenidos" sin compromiso real. Además, se preocupan por la superficialidad que podría propiciar el culto online, donde la gente se conecta y desconecta a su antojo, sin rendir cuentas ni involucrarse en la vida de la congregación.

Estos temores no son infundados. La virtualidad facilita que la experiencia religiosa se reduzca a ver un video o escuchar un sermón, corriendo el riesgo de quedarse en una dimensión pasiva. Sin embargo, la pastoral digital proactiva puede implementar estrategias que fomenten la participación: pequeños grupos en línea donde se comparta la vida y se ore mutuamente, proyectos misioneros virtuales, o encuentros de discipulado en videoconferencia. Si la iglesia digital se organiza bien, puede promover la comunión en lugar de limitarse a la recepción unidireccional de contenidos.

Por supuesto, nada reemplaza, como vimos en capítulos anteriores, el calor de un abrazo fraterno o el gesto de extender la mano para orar juntos. Pero la historia de la Iglesia muestra que cada época ha traído sus propias formas de conexión. Así como antes se usaron cartas, luego la radio y la televisión, hoy se emplean las plataformas virtuales. La diferencia está en la actitud con que se adopta la tecnología, buscando siempre que sirva al fortalecimiento de los vínculos y no a la fragmentación de la comunidad.

## Modelos de congregaciones virtuales

Existen varios ejemplos de iglesias digitales que han logrado impactar a miles de personas con sus servicios en línea. Algunas han crecido desde plataformas de streaming, retransmitiendo el culto dominical y añadiendo espacios interactivos de chat donde los asistentes pueden presentarse y pedir oración. Otras han ido más lejos, estableciendo una estructura de membresía virtual, con grupos pequeños, discipulados semanales por videollamada y redes de apoyo para cubrir necesidades concretas.

También se dan casos de "retiros virtuales", donde los participantes reservan un fin de semana para conectarse a sesiones de enseñanza, alabanza y oración, con descansos programados para la reflexión personal. En lugar de alojarse en un centro de retiro físico, cada cual permanece en su casa, pero el sentido de unidad y búsqueda de Dios no se pierde. De hecho, en algunos testimonios, la gente afirma haber experimentado momentos muy profundos de adoración y comunión durante estos retiros en línea.

Lejos de ser frías, estas plataformas generan lazos fraternales que superan fronteras culturales y lingüísticas. Quien asiste a un culto virtual puede encontrarse chateando con hermanos de otros continentes, compartiendo alegrías y pruebas, y sintiéndose parte de una gran familia en la fe. Aun así, conviene recordar que el éxito no radica en la tecnología misma, sino en la calidad de la relación y el liderazgo pastoral que sostiene la congregación digital.

## El impacto en la evangelización global

Si algo caracteriza a la iglesia en la nube es su potencial para la evangelización global. Congregaciones virtuales anuncian el Evangelio a personas que jamás pisarían una iglesia física. Gracias a las redes sociales, la publicidad online y el boca a boca virtual, el mensaje de salvación puede llegar a rincones muy alejados, incluyendo países donde la práctica cristiana se ve limitada o incluso perseguida.

En un entorno seguro y relativamente anónimo, muchos encuentran la valentía para explorar la fe. Asisten a un culto en línea, escuchan un sermón y conversan con un líder a través de chat. Con el tiempo, algunos dan el paso de confesar a Cristo como Señor y luego se integran de manera más activa a la comunidad virtual o buscan, si es viable, una iglesia física cercana. Esta dinámica confirma lo que Billy Sunday decía: la conversión puede suceder en cualquier lugar, incluso en "la nube", cuando el Espíritu Santo toca el corazón.

Lo interesante es que, para sostener este alcance global, las iglesias virtuales deben desarrollar equipos multidisciplinarios de liderazgo, capaces de abordar problemas culturales, idiomáticos y doctrinales. No es lo mismo atender a un nuevo creyente en Sudamérica que a uno en el sudeste asiático. La iglesia en la nube, por tanto, necesita una mentalidad abierta y flexible, y un compromiso sólido con la sana doctrina.

## Retos pastorales en la iglesia virtual

La pastoral en la nube no está exenta de desafíos. Por un lado, el seguimiento cercano de los miembros puede resultar más complicado: no siempre es obvio si alguien está pasando por una crisis, pues es fácil "desaparecer" de las reuniones virtuales sin dar explicaciones. Por otro lado, nos podemos preguntar. ¿Se puede celebrar la Cena del Señor de manera virtual? ¿Cómo se maneja el bautismo a distancia?

Dichas cuestiones requieren reflexión y consenso dentro de cada denominación. Algunas congregaciones permiten la Santa Cena virtual, animando a los creyentes a preparar los elementos en casa mientras participan de la reunión online. Otras mantienen la postura de la necesidad de un encuentro presencial. En cuanto al bautismo, se han dado casos de líderes que viajan a la ubicación del nuevo creyente para realizar la ceremonia o que, en circunstancias excepcionales, avalan un bautismo local con la supervisión remota del pastor.

Además, la formación de nuevos líderes requiere adaptación. El discipulado y la mentoría pueden darse en videollamadas, pero la comunidad debe asegurarse de que los aspirantes tengan una experiencia suficiente de interacción con la congregación. De lo contrario, existe el riesgo de consagrar líderes que no han convivido lo bastante con otros creyentes para demostrar carácter y solidez doctrinal.

## Retenciones y ofrendas en la era digital

Otro aspecto a considerar es la administración de las ofrendas y donaciones en una iglesia virtual. La mayoría de estas comunidades optan por plataformas de pago en línea, lo que facilita la contribución desde cualquier lugar. Sin embargo, ello exige un alto nivel de transparencia y rendición de cuentas, ya que los fieles no pueden "ver" físicamente el ministerio que se sostiene. La iglesia en la nube debe ser ejemplar en su manejo de fondos, publicando informes claros y detallados sobre el uso de cada recurso.

Asimismo, resulta esencial fomentar el espíritu de generosidad más allá de la ofrenda monetaria. Incluso en el ámbito virtual, el servicio al prójimo puede manifestarse en actos de voluntariado digital (por ejemplo, traducir contenidos, diseñar materiales evangelísticos, moderar foros de oración, etc.) o en la organización de campañas de ayuda a comunidades desfavorecidas. La iglesia en la nube debe transmitir que la responsabilidad cristiana no se limita a "hacer clic en un botón de donar", sino que implica comprometerse en actos concretos de amor y solidaridad.

## Comunidad virtual y comunidad presencial: dos alas de la misma ave

La mayoría de los defensores de la iglesia digital no proponen suplantar la comunidad presencial, sino complementarla. Cuando una congregación física ofrece también servicios en línea, extiende su alcance y su impacto espiritual. Por ejemplo, alguien que asiste a un culto virtual puede interesarse por visitar el templo en persona si lo tiene cerca, o si alguna vez viaja a la ciudad donde se encuentra. De igual modo, quien vive lejos, pero se conecta cada semana, puede desarrollar un sentido de pertenencia real, recibiendo discipulado y apoyo.

En muchos casos, las iglesias digitales celebran encuentros presenciales esporádicos, como conferencias o convivencias, donde los fieles que se han conocido en línea tienen la oportunidad de abrazarse y orar juntos. Estos "encuentros híbridos" refuerzan la idea de que la iglesia trasciende los muros del templo, pero no por ello niega la necesidad del contacto físico. Más bien, se inaugura una etapa en la que ambos formatos —el virtual y el presencial— funcionan como dos alas que le permiten a la iglesia volar más alto.

Al final, la verdadera comunidad no depende de la arquitectura o la tecnología, sino de la presencia de Cristo en medio de quienes se reúnen en Su nombre. La nube, en este sentido, es una oportunidad para que la fe se exprese y crezca de maneras novedosas, siempre que se respete la centralidad del Evangelio y el amor al prójimo.

## Un llamado a la flexibilidad y la creatividad

La iglesia en la nube encarna la invitación de Dios a salir de nuestra zona de confort y llevar el Evangelio a donde sea necesario. Si las herramientas tecnológicas nos permiten alcanzar a enfermos, personas en regiones remotas o a quienes simplemente no se sentirían cómodos entrando a un templo, ¿no deberíamos aprovecharlas con responsabilidad y valentía? Siguiendo el ejemplo de tantos evangelistas, que han predicado en lugares poco convencionales, podemos proclamar que la salvación de Cristo es para todos, en cualquier lugar, incluso en la nube.

Lo esencial es mantener la integridad del mensaje y la pasión por el encuentro humano, aunque sea mediado por una pantalla. Ninguna iglesia virtual funciona por sí sola: requiere liderazgo comprometido, madurez en la fe y una visión clara del Reino de Dios. Ante esto, la humildad y la adaptabilidad se vuelven virtudes indispensables. La iglesia que aprende a moverse con flexibilidad en el mundo digital, respetando la necesidad humana de cercanía y sustento, encontrará nuevas formas de brillar como luz en la era de la información.

En definitiva, la nube no es ni la panacea ni la perdición de la vida eclesial. Es una vía más —posiblemente muy potente— para llevar la Palabra y el amor de Dios a cada rincón de la Tierra. Como en todo proceso de cambio, habrá aciertos y errores, pero, guiados por el Espíritu Santo, los creyentes pueden descubrir en la iglesia virtual un canal que confirma la gran promesa: "Porque de tal manera amó Dios al mundo..." (Juan 3:16). Ese "mundo" abarca, hoy, hasta la nube digital y los lugares más recónditos donde el ser humano se conecte en busca de esperanza.

ENLACE V

# EL PELIGRO DEL AISLAMIENTO DIGITAL

En un mundo marcado por la inmediatez y la interconexión tecnológica, no resulta extraño que las personas se desplacen cada vez menos de sus hogares para asistir a eventos o reuniones presenciales. Desde la compra de alimentos hasta la participación en cultos virtuales, casi todo puede gestionarse en línea. Si bien esta comodidad tiene ventajas obvias, también plantea un riesgo notable: el aislamiento digital. El ser humano necesita el contacto físico, la mirada atenta y el diálogo cara a cara para desarrollar su espiritualidad y enriquecer su experiencia comunitaria.

Para la Iglesia, esta realidad supone un desafío. Por un lado, celebrar la posibilidad de que miembros con dificultades de movilidad, horarios complicados o residencias lejanas puedan sumarse a servicios en línea. Por el otro, comprender que la comunión cristiana exige algo más que una pantalla compartida. Esta tensión pone de relieve la necesidad de equilibrar los beneficios de la tecnología con la importancia de mantener viva la "encarnación" del amor cristiano: un amor que se expresa en gestos concretos, abrazos fraternales y el servicio desinteresado a los demás.

## Equilibrando el uso de la tecnología con la importancia del contacto humano

En la historia de la fe cristiana, la encarnación ha sido una piedra angular que distingue a la Iglesia de otras corrientes religiosas o filosóficas. El Hijo de Dios no se limitó a hablar desde la distancia; vino a vivir entre la humanidad, compartiendo alegrías y sufrimientos. Siguiendo este modelo, las comunidades cristianas están llamadas a "encarnarse" en la realidad de las personas. Aunque la tecnología puede servir como puente, no debería reemplazar el encuentro humano.

Las iglesias pueden tomar la iniciativa de promover un uso equilibrado de las herramientas digitales, fomentando la conexión profunda y el servicio activo. ¿Cómo hacerlo? Una estrategia es invitar a los miembros a participar de actividades presenciales, cuando sea factible, que complementen la experiencia virtual. Retiros, comidas compartidas, visitas a enfermos, obras sociales en el barrio... Estas iniciativas sirven para encarnar la fe en actos tangibles, evitando que la vida cristiana se convierta en un mero intercambio virtual.

También es fundamental animar a las personas a regular su tiempo en línea, reservando espacios diarios o semanales para interactuar con amigos, familiares y compañeros de comunidad sin mediaciones tecnológicas. Es en esos momentos de cercanía física donde la Iglesia puede ser verdaderamente familia. Mientras la conexión digital tiene su lugar, el contacto presencial alimenta la comunión de forma más íntegra y genuina.

## Cuando el distanciamiento se convierte en soledad

Existen casos donde la comunicación virtual, en vez de unir, conduce a un distanciamiento aún mayor. Chats grupales, redes sociales y foros de discusión pueden hacernos sentir saturados y, paradójicamente, más solos. El exceso de relaciones superficiales diluye la calidad de los vínculos, pues no hay un compromiso real con el otro. En esos contextos, la persona que busca apoyo espiritual puede experimentar una profunda sensación de desconexión, aun estando "en línea" durante todo el día.

La Iglesia, consciente de esta paradoja, debe encender alertas cuando detecta que un miembro se aisla progresivamente y pierde el gusto por la interacción auténtica. Con demasiada frecuencia, alguien puede "conectarse" a varios cultos virtuales o redes cristianas, pero sigue sin mantener amistades sólidas ni participar en actividades colectivas donde se comparta la vida cotidiana. Ese riesgo se combate con la invitación a pertenecer a un grupo pequeño o a un servicio presencial cercano, para contrarrestar la tentación de quedarse en una burbuja digital.

En última instancia, el cristianismo resalta la dimensión comunitaria de la fe. El Nuevo Testamento describe a la iglesia como un cuerpo en el que cada miembro aporta su don y recibe cuidado de los demás. Este modelo requiere presencia y compromiso mutuo, algo que la tecnología no puede suplantar por completo. Si el mundo virtual se emplea para facilitar el encuentro, bien; si en cambio sustituye la calidez humana, estamos ante un problema que atenta contra la esencia comunitaria de la fe.

## El verdadero propósito de la tecnología

Más allá de la conveniencia, la IA y las demás innovaciones deben servir al propósito central de la fe cristiana: amar a Dios y amar al prójimo. ¿Qué ocurre cuando nos volvemos adictos al mundo virtual? Se pierde la interacción directa con personas de carne y hueso, y olvidamos que cada individuo es un reflejo de la imagen divina que merece atención y cuidado. Una tecnología que crea dependencia, en lugar de facilitarnos el servicio y la relación humana, va en contra de la vocación cristiana.

El problema no es la herramienta en sí, sino la posición que ocupa en nuestras vidas. Cuando la tecnología deja de ser un medio y se convierte en un fin, corremos el riesgo de transformar la comunión en un producto consumible. Las pantallas se interponen entre nosotros, generando la ilusión de una cercanía que, en realidad, no fomenta la verdadera intimidad. Es crucial preguntarnos si nuestro uso de la tecnología fomenta la compasión, la solidaridad y la humildad, o si nos conduce a un aislamiento egoísta.

En este sentido, las reflexiones éticas involucran la responsabilidad pastoral y la autodisciplina de cada creyente.

El liderazgo eclesial puede orientar a la congregación, promoviendo un uso consciente y constructivo de la tecnología y señalando las señales de alarma de un posible abuso. Por su parte, cada cristiano ha de examinar honestamente su relación con los dispositivos y las plataformas virtuales, preguntándose si estas le acercan a Dios y a los demás, o le encierran en sí mismo.

## El desafío de no dejar a nadie atrás

Si bien la digitalización puede generar nuevas oportunidades, también es cierto que muchas personas no tienen acceso a dispositivos o internet de calidad. Esto puede ocasionar una exclusión digital que repercute en la vida comunitaria. En los sectores menos favorecidos o en regiones con infraestructura limitada, un culto virtual o una reunión online resulta inviable. Por ello, la Iglesia está llamada a buscar soluciones que mantengan la equidad y la participación de todos sus integrantes.

El apoyo a las comunidades con menos recursos tecnológicos, la formación para personas de la tercera edad, o la puesta a disposición de espacios físicos equipados con dispositivos e internet, son medidas concretas para que nadie se sienta marginado. El objetivo es balancear la adopción de la innovación con la atención a los más vulnerables, asegurando que la comunión no se rompa por la brecha digital.

Asimismo, conviene fomentar la hospitalidad y la solidaridad: si alguien no tiene forma de conectarse a un culto en línea, puede ser invitado a la casa de otro miembro que cuente con internet, creando así un minigrupo que, al participar del culto virtual, conserva el elemento presencial de compañerismo. De esta manera, el uso de la tecnología se combina con la práctica de la cercanía tangible.

## Manteniendo la genuinidad de las relaciones

Uno de los riesgos más sutiles del aislamiento digital es la construcción de "vidas virtuales" que no reflejan la realidad, sino una versión idealizada de nosotros mismos o de nuestras comunidades. En las redes sociales cristianas, puede haber tendencia a mostrar testimonios "perfectos", ocultando luchas, pecados y fracasos. Esta falta de transparencia engendra comunidades superficiales, incapaces de brindar el apoyo que realmente se necesita.

El contacto humano en espacios presenciales ayuda a equilibrar esta tendencia, pues invita a la vulnerabilidad y a la autenticidad. Cuando nos reunimos con otros creyentes y compartimos el pan o la charla posculto, emergen con naturalidad las alegrías y las penas de la vida. Además, la mirada y el tono de voz son difíciles de fingir. En ese intercambio sincero, el amor cristiano se fortalece y la fe se consolida.

La Iglesia, en su dimensión local, tiene el reto de cultivar una cultura de honestidad donde las victorias y las derrotas espirituales se discuten con libertad. La tecnología puede acompañar este proceso, pero nunca será un sustituto de la apertura corazón a corazón que ocurre cuando dos o más se sientan a hablar frente a frente.

## Martin Luther King Jr. y el desafío de nuestro tiempo

Martin Luther King Jr. dijo: "La medida definitiva de un hombre no se define en los momentos de comodidad, sino en los momentos de desafío". Aplicado a nuestra situación, podría interpretarse así: el desafío de esta generación es garantizar que la tecnología no nos aísle, sino que nos impulse a amar y a conectarnos de forma más profunda. Es fácil apoyarse en la conveniencia digital y descuidar la cercanía humana. Sin embargo, la grandeza de la iglesia está en su capacidad para adaptarse sin perder la esencia del Evangelio, sin sacrificar la misión de servir al prójimo.

A través de la historia, la comunidad cristiana se ha reinventado en momentos de cambios drásticos: la imprenta, las transmisiones radiales, la televisión y ahora la revolución tecnológica e informática. En cada circunstancia, el desafío ha sido discernir cómo usar las innovaciones para promover el amor cristiano y cómo evitar que se conviertan en barreras o ídolos. Hoy, la responsabilidad recae en nosotros. Estamos llamados a demostrar que la comunión verdadera se fortalece en la vida real y que la tecnología puede ser una aliada, no el fin último.

## Propuestas para una convivencia sana entre lo digital y lo presencial

Ante el peligro del aislamiento digital, las iglesias pueden implementar varias estrategias concretas. Primero, promover el concepto de "ayuno digital" en ciertos periodos, animando a los miembros a desconectarse de las redes sociales durante horas o días específicos para concentrarse en la oración, la lectura bíblica y el servicio comunitario. Esta práctica ayuda a reordenar las prioridades y a recobrar la paz interior que a veces se pierde en la saturación informativa.

Segundo, organizar encuentros presenciales —aunque sean ocasionales— para todos aquellos que se conectan habitualmente a cultos o discipulados en línea. De esta forma, se crea un espacio de confraternidad que refuerza la unidad del grupo y permite que los lazos forjados en la virtualidad adquieran una dimensión más humana y tangible. También es útil crear equipos de voluntarios que visiten a los miembros que no pueden salir de casa, llevando no solo oración y comunión, sino también un sentido de presencia encarnada.

Tercero, mantener una enseñanza continua sobre el uso responsable de la tecnología, destacando los principios bíblicos relacionados con la sabiduría, la templanza y el amor al prójimo. Los líderes pueden impartir talleres o charlas acerca de cómo identificar la adicción digital, cómo proteger la salud mental y cómo promover la intimidad familiar en la era de los dispositivos móviles. En el fondo, se trata de recordar que la fe cristiana nos llama a vivir en comunidad, a acompañarnos en persona siempre que sea posible y a utilizar los recursos tecnológicos como instrumentos, no como sustitutos.

## Revalorizando la corporeidad y la comunión real

Un aspecto esencial para evitar el aislamiento digital es revalorizar el papel del cuerpo y de la comunión presencial. Dios nos creó como seres integrales, no meros espíritus sin forma ni materia. Cuando nos reunimos, nuestras voces se entrelazan en la alabanza, los abrazos transmiten afecto y la Cena del Señor adquiere una dimensión profundamente encarnada. Todo ello da cuenta de la magnitud que tiene el aspecto físico en la experiencia de la fe cristiana.

El apóstol Pablo comparó a la Iglesia con un cuerpo, en el que cada miembro necesita del otro para funcionar plenamente. Esa analogía es difícil de vivir a plenitud si nos aislamos tras una pantalla. Claro que la virtualidad puede ayudarnos cuando no hay otra alternativa, pero no debería convertirse en la norma que reduzca la fe a algo meramente digital. Parte de la belleza del cristianismo radica en su capacidad de revalorizar lo humano y lo comunitario, en contraste con una cultura que tiende al individualismo y a la desconexión emocional.

## Un compromiso con la esencia relacional de la fe

La tecnología, en sus múltiples manifestaciones, seguirá evolucionando y ofreciendo facilidades. No hay vuelta atrás en este sentido. La Iglesia tiene, entonces, la responsabilidad de abrazar los recursos que potencien la comunión, la evangelización y el cuidado mutuo, sin perder la esencia de la fe encarnada. En cada decisión —sea la creación de un grupo de WhatsApp, la emisión de un culto en streaming o el desarrollo de una aplicación de discipulado— se debe tener presente que la relación humana sigue siendo prioritaria.

Al final, la comunión verdadera no se logra solo mediante conexiones de alta velocidad, sino por la entrega sincera de corazones dispuestos a amar y servir. Martin Luther King Jr. señalaba que es en los momentos de desafío donde se mide la verdadera calidad de las personas. Para la Iglesia de hoy, el desafío tecnológico consiste en mantener la autenticidad de la fe, la humildad del servicio y la compasión por el necesitado. Si lo logramos, la tecnología habrá cumplido su función de aliada y no de enemiga, y la comunidad cristiana brillará como un refugio de cercanía en un mundo que, a menudo, se siente cada vez más distante.

# NODO #4 | LA FE Y EL FUTURO

# ENLACE I

# PREDICACIONES POTENCIADAS

La labor de un pastor o líder que prepara un mensaje es, sin duda, una de las responsabilidades más relevantes dentro de la comunidad cristiana. Para muchos, cada sermón implica un tiempo de búsqueda profunda en la Biblia, horas de estudio, consulta de recursos teológicos y oración continua. Sin embargo, en el panorama actual, la inteligencia artificial (IA) ha comenzado a revolucionar esta tarea, ofreciendo herramientas que simplifican la investigación y abren nuevas perspectivas exegéticas.

La posibilidad de acceder, en cuestión de minutos, a concordancias, referencias históricas y análisis de pasajes bíblicos puede ahorrar tiempo precioso a quienes se dedican a la enseñanza de la Palabra. Lejos de suplantar la labor pastoral, la IA libera espacio en la agenda para la meditación, la intercesión y, sobre todo, la atención pastoral a los miembros de la congregación. Así, el pastor no se ve sobrecargado con la búsqueda manual de información y puede dedicar mayores energías a discernir cómo comunicar el mensaje con relevancia y claridad para su público.

## Una herramienta que no reemplaza la guía espiritual

La introducción de la IA en la preparación de sermones puede suscitar temores: ¿acaso un algoritmo terminará dictando lo que se predica desde el púlpito? La respuesta, evidentemente, es "no". La inspiración, la pasión y la convicción que un líder transmite cuando expone la Palabra surgen de una fuente espiritual, no de un programa de computadora. Lo que la tecnología aporta es inmediatez en la obtención de datos, referencias cruzadas y materiales de apoyo.

Por ejemplo, si deseas profundizar en un pasaje complejo del Antiguo Testamento, la IA puede sugerirte comentarios de eruditos, significado de palabras en hebreo o antecedentes culturales del periodo en cuestión. Este "mapa" te permitirá entender el contexto en pocos clics, sin necesidad de consultar múltiples libros físicos. Sin embargo, la labor final de interpretación y aplicación pastoral recae en tu discernimiento, guiado por el Espíritu Santo. A fin de cuentas, ningún algoritmo sustituye la comunión con Dios ni la sensibilidad para responder a las necesidades concretas de la iglesia.

## Una puerta para el rigor teológico

La IA, bien utilizada, ofrece un rigor teológico que, en ocasiones, resulta difícil de alcanzar con recursos limitados. Al escanear gran cantidad de textos —biblias de estudio, diccionarios, comentarios bíblicos, escritos de la Patrística y más— la herramienta puede mostrarte conexiones sorprendentes, mostrar distintos enfoques teológicos e incluso señalar interpretaciones históricas que tal vez desconocías. Esta riqueza amplía tus horizontes y puede otorgarte una visión más amplia de la Escritura.

Por supuesto, también es fundamental ejercer espíritu crítico. No todas las fuentes que la IA integra son confiables o se ajustan a tu tradición confesional. El papel del pastor como "filtro" sigue siendo esencial. Además, el rigor teológico no se limita a la acumulación de datos. Implica oración, empatía con la congregación y un enfoque pastoral que busque edificar al cuerpo de Cristo. La IA facilita el acceso a la información, pero no reemplaza el rol de un líder espiritual que, con corazón humilde, transmita la Palabra con amor.

## Más tiempo para la oración y el pastoreo

Uno de los beneficios inmediatos de la IA en la preparación de sermones es el ahorro de horas que, antes, se invertían en tareas administrativas o repetitivas (buscar referencias, comparar versiones bíblicas, revisar concordancias impresas). Al agilizar estos procesos, se abre un margen valioso para la oración y el contacto personal con los miembros de la iglesia. De esta manera, el líder puede dedicar mayores esfuerzos a escuchar las necesidades del rebaño, visitando a enfermos, aconsejando a matrimonios en crisis o compartiendo con jóvenes que buscan orientación.

La profundidad de un mensaje no se mide únicamente por la exactitud exegética, sino también por la capacidad de hablar al corazón de la comunidad. Al contar con el respaldo de la IA para la parte investigativa, el pastor está en mejores condiciones para discernir qué palabras de aliento, de corrección o de esperanza necesita su congregación. De esta forma, la tecnología se convierte en un aliado que refuerza el ministerio integral de la Iglesia.

## Una lupa digital para explorar la Biblia

Existen plataformas en línea cada vez más especializadas en el análisis bíblico asistido por IA. Algunas ofrecen un conjunto de herramientas pensadas para que profundices en tu estudio e interpretación. Por un lado, las concordancias y diccionarios te permiten ubicar con rapidez pasajes relacionados, mientras estudias términos en griego, hebreo o arameo. Al mismo tiempo, los comentarios contextuales te brindan explicaciones históricas y culturales con un simple clic, ayudándote a situar la narrativa en su época original sin perder de vista la relevancia para hoy. Además, las bibliotecas de sermones te muestran diversos bosquejos y ejemplos de predicaciones de pastores reconocidos, para que puedas inspirarte en enfoques distintos sin caer en la imitación. Por último, las sugerencias de ilustraciones, que incluyen historias contemporáneas, anécdotas o reflexiones, se convierten en recursos valiosos para enriquecer tu mensaje y conectar con quienes te escuchan.

Esta "lupa digital" es un recurso valioso para quien desee ir más allá de la superficie de un texto. La IA rastrea fuentes diversas, localizando comentarios académicos y devocionales, manteniendo siempre la posibilidad de filtrar según la línea teológica de preferencia. Sin embargo, como con toda tecnología, el pastor debe ejercer discernimiento para no incorporar enseñanzas que sean ajenas a su convicción doctrinal o que carezcan de solidez bíblica.

## El ejemplo de Charles Spurgeon en la era digital

La tradición cristiana está llena de predicadores que, como Charles Spurgeon, dedicaban gran parte de su tiempo a la lectura y meditación de la Palabra. Spurgeon era conocido por su dominio de las Escrituras y su insistencia en la preparación cuidadosa de cada sermón. En un siglo XIX carente de internet o IA, aquel "Príncipe de los Predicadores" se sumergía en libros, referencias y materiales impresos, formándose a lo largo de incontables horas.

Hoy, la IA te ofrece en segundos lo que Spurgeon tardaba semanas en recopilar. Eso no significa que tengas que depender de la tecnología para suplir la pasión por conocer a Dios; más bien, es una oportunidad de extender el legado de estudio y dedicación que tanto honró a líderes como él. Tal y como insistía Spurgeon, la verdadera unción procede de la comunión con el Espíritu Santo. La IA puede brindarte datos valiosos, pero el toque divino en la predicación solo se obtiene a través de una vida de oración y santidad.

## Precauciones ante la sobredependencia

Si bien las ventajas de la IA en la preparación de sermones son evidentes, también surge el riesgo de la sobredependencia. Puedes caer en la tentación de apoyarte tanto en la tecnología que descuides la búsqueda personal en las Escrituras, el estudio paciente y la reflexión silenciosa. Un pastor que redacte sus mensajes exclusivamente basándose en análisis automáticos corre el peligro de convertirse en un mero transmisor de información, perdiendo la frescura de la revelación personal.

Además, no todas las herramientas de IA son igualmente confiables. Algunas pueden ofrecer datos inexactos o interpretaciones muy alejadas de tu perspectiva doctrinal. Por ello, conviene seleccionar cuidadosamente las plataformas que se ajusten a tu teología y examinar con cuidado cada recurso que te presenten. En última instancia, la responsabilidad de predicar con fidelidad y unción recae en ti, no en el algoritmo.

## Aplicaciones para la formación continua de líderes

La IA no solo respalda la preparación de sermones, sino que también puede servir como aliada en la formación continua de pastores y líderes laicos. Existen aplicaciones que proponen rutas de estudio, revisan tus avances teológicos y te sugieren lecturas complementarias en función de tus inquietudes. Así, el proceso de crecimiento ministerial se vuelve más ágil y personalizado, evitando que te estanques en tu conocimiento o que descuides áreas de tu formación.

Algunos seminarios y centros de entrenamiento cristiano ofrecen módulos online con evaluación asistida por IA, brindando una experiencia pedagógica adaptable a tu ritmo y disponibilidad de tiempo. Esto resulta especialmente útil para quienes llevan una rutina pastoral intensa o para líderes que alternan sus labores ministeriales con otro tipo de ocupaciones. De nuevo, el valor no está en la tecnología por sí misma, sino en su utilidad para convertirte en un siervo más preparado y eficaz para el Reino de Dios.

## Hacia una predicación contextual y dinámica

La gran ventaja de aprovechar la IA en la preparación de sermones es la posibilidad de contextualizar la Palabra con temas actuales. Gracias a bases de datos masivas, puedes identificar tendencias sociales, problemas globales y preocupaciones de la comunidad para abordarlos desde la perspectiva bíblica. Imagina que, en cuestión de minutos, encuentras estadísticas sobre la pobreza en tu región y citas bíblicas pertinentes, lo que te permite diseñar un mensaje que hable directamente a la realidad de tu congregación y la impulse a la acción solidaria.

Asimismo, la IA puede sugerir experiencias, testimonios o anécdotas contemporáneas que refuercen el mensaje, ayudando a la audiencia a ver cómo la Biblia sigue siendo relevante. De esta forma, tu predicación se vuelve más dinámica, conectada con la vida real y anclada en la actualidad, sin dejar de ser fiel al texto sagrado. Todo ello crea un puente entre la comunidad y la Palabra, fomentando un discipulado transformador.

## Manteniendo la esencia espiritual

Al final, el uso de la IA para preparar sermones más profundos y relevantes debe estar subordinado a la esencia espiritual de la predicación cristiana. La tecnología es un medio, no un fin. Puedes emplear todas las herramientas disponibles —concordancias, comentarios, inteligencia artificial—, pero la unción, la pasión y la autoridad espiritual provienen de tu comunión con el Espíritu Santo y tu compromiso con la Palabra viva.

Los pastores y líderes que abracen este paradigma tecno-espiritual tendrán mayores oportunidades de presentar un Evangelio que conecte con el mundo contemporáneo, sin perder la profundidad doctrinal ni la calidez pastoral. El secreto está en equilibrar el estudio meticuloso con la guía divina, recordando siempre que la fe no se basa en la elocuencia ni en la abundancia de datos, sino en el poder de Dios que obra a través de un mensajero fiel. Tomar la IA de la mano de la inspiración del Espíritu te permitirá alcanzar una predicación que transforme vidas y honre a Cristo en medio de los avances del futuro.

# ENLACE II

# EDUCACIÓN ESPIRITUAL EN LA ERA DIGITAL

La educación cristiana ha sido, históricamente, un eje fundamental en la formación de creyentes comprometidos y preparados para servir. Antes, las clases y cursos se impartían en escuelas bíblicas presenciales o en reuniones de discipulado en la iglesia local. Sin embargo, en la actualidad, el entorno digital abre un horizonte mucho más amplio y diverso. Los cursos en línea, las aplicaciones interactivas y las comunidades virtuales de estudio posibilitan una enseñanza bíblica adaptada a distintos ritmos de vida y necesidades particulares.

Lejos de ser un mero recurso de emergencia, la educación digital se ha convertido en una herramienta poderosa para alcanzar a personas que, por distancia, trabajo u otras limitaciones, antes no podían acceder a una formación sistemática. Esta modalidad no solo acerca los contenidos al estudiante, sino que también permite la interacción con docentes y compañeros de todo el mundo, expandiendo perspectivas y construyendo redes de aprendizaje globales. A medida que la tecnología avanza, la inteligencia artificial (IA) ingresa en escena para elevar aún más la calidad y la personalización de estos programas.

## Una revolución en la educación cristiana

En el mundo digital, se multiplican las plataformas diseñadas para la formación espiritual. Algunas ofrecen cursos completos con módulos teóricos y prácticos, evaluaciones interactivas y sistemas de seguimiento. Otras incluyen foros donde se discuten temas teológicos, se comparten testimonios o se plantean dudas acerca de la aplicación de la Biblia en la vida cotidiana. Sin embargo, el gran salto evolutivo lo dan aquellas que incorporan IA para identificar las áreas de mejora de cada estudiante, sugiriendo lecturas, ejercicios y recursos adecuados.

Por ejemplo, un alumno que tiene dificultades para entender los pasajes proféticos del Antiguo Testamento podría recibir un programa de estudio específico sobre los libros de Daniel e Isaías, con comentarios detallados y videos explicativos. La plataforma, detectando su avance, ajustaría el ritmo y el nivel de complejidad, asegurando que el aprendizaje sea progresivo pero efectivo. Esta personalización agiliza el proceso, motiva al alumno y evita la frustración que surge cuando un programa es demasiado básico o excesivamente avanzado.

La clave, empero, radica en la interacción. Al igual que en un aula convencional, el aprendizaje bíblico se enriquece con el diálogo, el intercambio de ideas y la posibilidad de plantear preguntas en tiempo real. Por ello, muchos cursos en línea ofrecen foros, videollamadas grupales, tutorías personalizadas y espacios de debate. De este modo, la tecnología no sustituye la experiencia comunitaria, sino que la expande y la adapta a las necesidades de un mundo en constante cambio.

## El potencial de la IA en el aprendizaje bíblico

La IA, bien empleada, se convierte en una aliada formidable para el crecimiento espiritual. Gracias a su capacidad de analizar patrones en el comportamiento y el rendimiento académico de los estudiantes, puede ofrecer recomendaciones muy precisas. Si el sistema detecta que alguien se estanca en la comprensión de un pasaje, sugiere un enfoque alternativo, un video aclaratorio o una actividad práctica que refuerce el conocimiento. Así, el alumno deja de ser un espectador pasivo y se convierte en un protagonista activo de su propia formación.

Otro aspecto valioso es la retroalimentación inmediata. En un curso presencial, se depende de la disponibilidad de un maestro para resolver dudas. Con la IA, las preguntas básicas o más frecuentes pueden tener respuesta instantánea, liberando al docente para que se concentre en dudas de mayor complejidad o en la mentoría personalizada. No obstante, es crucial recordar que el acompañamiento humano nunca será completamente sustituible. El maestro o líder cristiano cumple un rol de guía espiritual que la máquina, por sofisticada que sea, no puede asumir en toda su dimensión afectiva y pastoral.

El uso de la IA en la educación cristiana plantea, además, retos éticos y teológicos. Es fundamental asegurarse de que los recursos y explicaciones ofrecidos por la plataforma sean fieles a una hermenéutica rigurosa y al consenso doctrinal de la comunidad a la que sirven. Al final, se trata de combinar eficacia tecnológica con integridad bíblica, garantizando que el estudiante reciba una enseñanza sólida y edificante.

### Gamificación: aprendizaje bíblico a través del juego

Una de las estrategias más efectivas para captar la atención de adolescentes y jóvenes es la gamificación. Esta técnica traslada mecánicas de juego al ámbito educativo, convirtiendo las lecciones bíblicas en desafíos, misiones o competencias amistosas. Por ejemplo, un curso online podría otorgar puntos por responder correctamente a preguntas sobre el Evangelio de Juan, desbloquear logros cuando se memorizan versículos o subir de nivel al completar actividades de voluntariado social.

La gamificación introduce un componente lúdico que no solo mantiene la motivación, sino que ayuda a asimilar los conceptos de manera más amena. Los estudiantes se sienten retados a mejorar, a colaborar con sus compañeros y a profundizar en aspectos concretos de la doctrina o la historia bíblica. No se trata de trivializar el mensaje cristiano, sino de emplear dinámicas atractivas que faciliten la retención y la participación. Todo esto, por supuesto, debe ir acompañado de un acompañamiento pastoral y docente que recuerde el propósito espiritual de cada actividad.

Además, este enfoque resulta especialmente valioso en un mundo donde la distracción es moneda corriente. Frente a la competencia de redes sociales, videojuegos y contenidos audiovisuales, la gamificación puede reorientar la atención de los jóvenes hacia el estudio de la Palabra, demostrándoles que la fe no es ajena a su cultura ni a sus intereses actuales. Hoy, la tecnología nos otorga un vehículo ideal para continuar esa misión educadora e inspiradora.

## Aplicaciones de memorización y repetición espaciada

Otra herramienta sumamente útil son las aplicaciones de memorización bíblica que emplean algoritmos de repetición espaciada. Este método consiste en programar la revisión de los versículos en intervalos estratégicos, adaptados al nivel de retención del usuario. Así, un estudiante que asimila rápidamente podría pasar menos tiempo revisando el mismo pasaje, mientras que otro, con más dificultad, recibiría recordatorios frecuentes hasta que el contenido se consolide en la memoria.

El resultado es un proceso de aprendizaje más eficiente y personalizado que, a la larga, puede traducirse en una mayor familiaridad con la Biblia. Algunos programas incluso ofrecen premios virtuales o reconocimientos por cada versículo memorizado, aportando una dosis de motivación extra. Si bien estas recompensas son simbólicas, refuerzan la sensación de progreso y de logro personal.

Desde una perspectiva espiritual, la memorización de la Palabra forma parte de la tradición cristiana desde hace siglos. Ahora, la tecnología facilita enormemente esta práctica, transformando un hábito que podría parecer tedioso en una experiencia interactiva y dinámica. La clave radica en integrar la memorización en un proceso más amplio de meditación y aplicación, evitando que se convierta en mera rutina mental desprovista de significado.

## Seminarios virtuales y encuentros globales

Una de las ventajas más notables de la educación digital es la posibilidad de organizar seminarios, conferencias y talleres con la participación de profesores y líderes de distintos países, sin las barreras logísticas tradicionales. Estos eventos virtuales reúnen a cientos o miles de personas que se conectan desde sus hogares, generando un espacio de intercambio cultural y teológico a gran escala.

Las temáticas pueden variar desde estudios bíblicos profundos hasta discusiones sobre ética cristiana, pasando por capacitaciones en liderazgo o misiones transculturales. Al permitir la interacción en tiempo real —a través de foros, chats o sesiones de preguntas y respuestas—, estos seminarios virtuales fomentan la construcción de relaciones y la conformación de redes globales de colaboración. Así, la iglesia deja de estar limitada por fronteras geográficas y se abre a la diversidad de visiones que enriquecen el cuerpo de Cristo.

Asimismo, la grabación de estos eventos permite su posterior visualización, multiplicando su impacto en personas que no pudieron asistir en vivo. De esta manera, la educación digital no solo democratiza el acceso al conocimiento, sino que también consolida la idea de una iglesia verdaderamente universal. El espíritu evangelístico de los padres de la fe, que deseaba tocar los corazones de multitudes, encuentra en las plataformas virtuales un canal idóneo para llegar, literalmente, hasta los confines de la tierra.

## Personalización y acompañamiento pastoral

Uno de los grandes retos en la educación cristiana es evitar que la virtualidad conduzca al anonimato o la pasividad. Por eso, muchas plataformas no se limitan a impartir cursos, sino que ofrecen tutorías y mentorías personalizadas. Gracias a la IA, se puede asignar un tutor a cada alumno, quien recibe alertas sobre los progresos y las dificultades detectadas. El tutor, por su parte, combina la información proporcionada por el sistema con su propio criterio pastoral, abordando temas específicos que la persona necesite.

Este modelo equilibra la eficiencia de la tecnología con la calidez del contacto humano. El estudiante, lejos de sentirse solo, cuenta con un guía que puede orar por sus necesidades, aconsejarlo en su caminar espiritual y orientarlo en decisiones importantes. Además, el tutor se beneficia de la información sistematizada que ofrece la IA, enfocando sus esfuerzos en los puntos donde el alumno requiere mayor atención.

De esta manera, la educación bíblica digital se mantiene fiel al principio de la comunidad cristiana: nadie debe avanzar solo. Por muy sofisticadas que sean las plataformas, el crecimiento espiritual genuino ocurre cuando existe un cuidado mutuo, una oración en grupo y la oportunidad de practicar la fe en la vida real. La tecnología, por ende, se convierte en un trampolín, pero la verdadera fuerza viene de la comunión del Espíritu y la relación con otros creyentes.

## El valor de la interacción en línea

La eficacia de un programa educativo en línea no depende únicamente de la calidad de los recursos o del diseño de la plataforma, sino también de la interacción que facilite. Foros, chats grupales y encuentros de videollamada permiten que los participantes se conozcan, intercambien ideas y desarrollen proyectos conjuntos. Resulta enriquecedor ver cómo, en estos espacios, se comparten testimonios de vida, se debaten posturas doctrinales y se generan amistades que traspasan fronteras.

Además, la variedad de perspectivas culturales y denominacionales suele dar lugar a debates constructivos que amplían la visión del Reino de Dios. Al discutir la interpretación de un pasaje, un estudiante de América Latina puede aprender de la óptica de un hermano en Asia, enriqueciendo así su comprensión del texto. La educación cristiana, nutrida por estos intercambios, se torna más sólida y evita el provincialismo que a veces limita el horizonte teológico.

Aun así, es importante moderar y conducir estos debates para que no se conviertan en discusiones estériles o divisivas. Los líderes deben establecer normas de respeto y empatía, recordando que el fin último es el crecimiento en la Palabra y el servicio mutuo. De este modo, la interacción virtual refleja los valores del Evangelio, promoviendo la unidad en medio de la diversidad.

## Preparando a la próxima generación

Las ideas para cursos y programas adaptados a las nuevas generaciones no se limitan a la formación teórica, sino que incluyen la dimensión práctica del discipulado. Por ejemplo, las plataformas pueden organizar brigadas de servicio, eventos misioneros virtuales o recaudaciones de fondos para proyectos sociales. Estas iniciativas permiten a los estudiantes pasar de la teoría a la acción, comprometiéndose con la obra de Dios en su propia comunidad o alrededor del mundo.

Los jóvenes, especialmente, ansían ver la relevancia de lo que aprenden. Si un curso bíblico se queda en la acumulación de conocimientos, es probable que pierda interés rápidamente. Pero si, por el contrario, cada lección se relaciona con una causa concreta —la defensa de la justicia social, la evangelización de comunidades no alcanzadas, la protección del medio ambiente—, el alumno se siente más motivado a crecer en su fe y a compartirla con otros. La tecnología, entonces, se convierte en un puente entre la instrucción bíblica y la misión cristiana global.

Moody, con su pasión evangelística, encarnó esta forma de enseñanza integral, donde la palabra y la acción iban de la mano. En el siglo XXI, contamos con herramientas tecnológicas que pueden potenciar ese legado, impactando a una generación que busca propósito y verdad. Cada curso virtual, cada dinámica interactiva y cada acción misionera online se transforman en una oportunidad para que la semilla del Evangelio germine en miles de vidas.

### Una misión educadora e inspiradora

En conclusión, la educación espiritual en la era digital representa un campo fértil para la innovación y la expansión del Reino de Dios. Desde plataformas con IA que diagnostican fortalezas y debilidades de cada alumno, hasta programas de gamificación y memorización que avivan el interés por la Palabra, la tecnología está reinventando el modo en que aprendemos y compartimos la fe. Seminarios virtuales, tutorías personalizadas y comunidades globales de estudio abren camino a una formación bíblica más accesible y completa.

El desafío, por supuesto, es mantener el equilibrio. La enseñanza cristiana no puede reducirse a la acumulación de datos ni a la interacción virtual; necesita integrarse con la vida real, la experiencia comunitaria y el servicio al prójimo. Cuando la tecnología se subordina a los valores del Evangelio, se convierte en un vehículo poderoso que llega a los corazones sedientos de la Palabra. El siglo XXI nos presenta este inmenso potencial para educar e inspirar; la Iglesia, hoy más que nunca, está llamada a aprovecharlo con sabiduría y amor.

ENLACE III

# EL METAVERSO COMO UN NUEVO CAMPO MISIONERO

En un mundo cada vez más conectado, el llamado "metaverso" aparece como una extensión digital de la realidad, en la que las interacciones suceden a través de avatares y entornos virtuales diseñados para simular experiencias de la vida cotidiana —o incluso, para crear experiencias imposibles de reproducir en el plano físico. Lejos de ser una mera fantasía, el metaverso ha adquirido un espacio importante en la cultura popular y comienza a atraer a organizaciones de todo tipo, incluyendo iglesias que ven la oportunidad de llevar el mensaje de Jesús a estas nuevas plataformas.

Si el apóstol Pablo se valió de las carreteras romanas para difundir el Evangelio en su tiempo, hoy la iglesia puede considerar el metaverso como esa carretera digital. Allí se conectan personas de distintos países, culturas e intereses. El desafío radica en cómo presentar el Evangelio de forma genuina, sin perder la esencia relacional de la fe cristiana, pero aprovechando la inmensa accesibilidad que ofrecen los mundos virtuales. Nikola Tesla dijo: "El progreso y el desarrollo son imposibles si uno sigue haciendo las cosas tal como siempre las ha hecho". Aplicado a la iglesia, esto implica atreverse a explorar este nuevo campo con creatividad y discernimiento.

## Explorando el potencial evangelístico de mundos virtuales

El metaverso brinda un entorno casi ilimitado para la experimentación misionera. Imagina eventos de evangelismo en espacios virtuales donde la gente, a través de sus avatares, puede escuchar un mensaje bíblico, interactuar con cristianos de diversas partes del mundo e incluso recibir oración o consejería. Personas que jamás considerarían entrar a una iglesia física podrían sentirse más abiertas a participar en una experiencia virtual, libre de presiones o prejuicios.

Además, la capacidad de diseñar mundos completos ofrece la oportunidad de crear representaciones bíblicas inmersivas: desde revivir escenas del Evangelio hasta organizar caminatas virtuales por paisajes inspirados en pasajes de la Biblia. Estas experiencias ayudan a los participantes a visualizar y sentir la narrativa bíblica de un modo interactivo. La curiosidad que se despierta puede llevarlos a un estudio más profundo de la Palabra y, con el tiempo, a formar parte de una comunidad de fe.

No obstante, la misión en el metaverso conlleva sus propios retos. Las barreras de la virtualidad pueden facilitar el anonimato excesivo y la superficialidad. Asimismo, la calidad de la conexión a internet y el acceso a dispositivos de realidad virtual pueden limitar la participación de algunos sectores poblacionales. Aun así, el potencial es enorme y, con una estrategia adecuada, la iglesia podría impactar a comunidades que de otro modo permanecerían fuera de su alcance.

## Un evangelismo sin fronteras

Cuando la iglesia ingresa al metaverso, se encuentra con una realidad donde el espacio físico deja de ser una restricción. De este modo, el alcance evangelístico se multiplica. Los cristianos pueden compartir la fe con usuarios que viven en países donde la práctica religiosa es restringida, o donde hay poca presencia de iglesias locales. Incluso, se abren puertas para ministrar a personas que, por razones de salud o movilidad, nunca podrían asistir a un culto presencial.

Pero esta expansión virtual también requiere sabiduría y responsabilidad. Es imperativo asegurar que el contenido evangelístico sea fiel a la enseñanza bíblica y que el acompañamiento posterior sea sólido. No basta con emitir mensajes inspiradores o repartir literatura digital; se necesita un plan de discipulado y seguimiento para quienes muestren interés. De esta forma, el metaverso puede convertirse en un punto de encuentro inicial que, o bien deriva en un acompañamiento virtual más profundo, o incluso en la integración a una comunidad física cercana.

Al igual que un misionero que se prepara para un contexto cultural distinto, la iglesia debe formarse para entender la idiosincrasia del metaverso: su lenguaje, sus normas implícitas, los estilos de comunicación y las expectativas de quienes lo habitan. Solo así podrá presentar el mensaje de Jesús de manera contextualizada y efectiva, sin caer en la superficialidad o en la imposición cultural.

## Las iglesias VR y sus testimonios

Aunque parezca futurista, ya existen comunidades que se reúnen en plataformas de realidad virtual para orar, adorar y estudiar la Biblia. Algunas, autodenominadas "iglesias VR", organizan cultos semanales en espacios virtuales diseñados para la comunión cristiana. En estos entornos, cada participante —a través de su avatar— puede "ingresar" a un templo digital, alabar junto a los demás y escuchar una predicación. Al final, se abren espacios de interacción para preguntas, peticiones de oración e intercambio de testimonios.

Los relatos de quienes participan en estas comunidades son diversos y enriquecedores. Un joven en Asia puede orar junto a un creyente de América Latina, y una persona mayor en Europa puede compartir un testimonio de vida con un adolescente que vive en África. Esta pluralidad cultural e intergeneracional muchas veces facilita la construcción de amistades significativas, derribando prejuicios y recordando que la fe en Cristo no conoce fronteras humanas.

En algunos casos, estas iglesias VR han ido más allá, organizando retiros virtuales y conferencias en línea que fomentan la formación bíblica. Incluso se han creado "salas" especiales para la consejería individual o para grupos de discipulado. Si bien el componente presencial sigue siendo valorado, el metaverso provee una alternativa valiosa para quienes no pueden acceder a una comunidad física por motivos de distancia, salud o situación de vida.

## La inmersión como experiencia espiritual

Uno de los aspectos más atractivos de la realidad virtual es la sensación de inmersión que produce. El participante no se limita a ver una pantalla, sino que se sumerge —gracias a dispositivos especiales— en un entorno tridimensional donde puede desplazarse, interactuar con objetos y experimentar cierto sentido de presencialidad, aunque sea a través de su avatar. Este factor inmersivo puede fomentar una cercanía emocional en momentos de adoración y enseñanza bíblica.

Por ejemplo, en un culto de iglesia VR, los asistentes pueden "caminar" por un pasillo virtual, acercarse a un altar o sentarse en una banca digital para escuchar la predicación. Aunque no reemplace el calor humano de un templo físico, esta simulación puede despertar sentimientos de reverencia y comunión. Además, el líder puede modificar la ambientación o el escenario para ilustrar pasajes bíblicos: imaginar un sermón sobre el Salmo 23 con un campo verde virtual o una predicación sobre el desierto de Jesús con un ambiente arenoso y minimalista.

Sin embargo, este mismo realismo requiere mantener claros los límites entre la simulación y la vida real. El objetivo no es sustituir la fe encarnada, sino ofrecer una nueva forma de expresar y compartir la experiencia cristiana. El encuentro con Dios no depende de un lugar físico o virtual, sino del corazón de quien busca adorarle en espíritu y verdad.

## Riesgos y debates en la vida cristiana virtual

Como toda iniciativa misionera, incursionar en el metaverso no está exento de riesgos y cuestionamientos. Por un lado, la naturaleza anónima del entorno virtual puede propiciar conductas poco responsables o identidades falsas. Por otro, algunas voces temen que la virtualidad desplace el compromiso comunitario presencial, fomentando una "iglesia de sofás" donde los creyentes se conformen con una experiencia emocional sin profundidad relacional.

Para enfrentar estos desafíos, las iglesias VR más consolidadas han adoptado reglas claras de convivencia y rendición de cuentas, creando equipos de moderadores que velan por el orden y la sana interacción. También implementan planes de discipulado que trascienden lo meramente virtual, animando a los participantes a buscar contacto con comunidades físicas cuando sea posible o, al menos, a participar en grupos pequeños de estudio y oración en línea para generar vínculos auténticos.

El debate sobre si un bautismo puede realizarse virtualmente, o si la Cena del Señor en un espacio virtual tiene la misma validez espiritual, también surge en estos contextos. Cada denominación y tradición teológica maneja estas preguntas de manera distinta, pero es innegable que la iglesia se encuentra en un momento histórico donde las formas de vivir la fe se expanden. El punto clave es mantener la centralidad de Cristo y la edificación mutua, más allá de la plataforma utilizada.

## Haciendo misión en un universo cambiante

El metaverso es, por definición, un espacio en constante evolución. Las plataformas se actualizan, surgen nuevas versiones y se implementan tecnologías que hacen que la experiencia virtual sea cada vez más realista. En este entorno cambiante, la iglesia está llamada a un aprendizaje continuo. Así como un misionero se prepara para afrontar la cultura y el idioma de un país distinto, quienes deseen evangelizar en el metaverso deben capacitarse para entender su lógica interna y hablar el lenguaje de sus habitantes.

La humildad y la escucha activa juegan un papel fundamental. Antes de anunciar el Evangelio, conviene entrar en los espacios de socialización, participar en las actividades virtuales y conocer las inquietudes de quienes habitan allí. Al igual que en cualquier otro campo misionero, la empatía y el respeto abren puertas más anchas que la imposición. Cuando la iglesia demuestra auténtico interés por las personas, no solo por su número de visitantes, la semilla del Evangelio encuentra terreno fértil.

Asimismo, es crucial establecer un código de ética que oriente la conducta de los misioneros virtuales, evitando prácticas manipuladoras o sensacionalistas que denigren el mensaje cristiano. El objetivo final no es presumir de una gran congregación en línea, sino reflejar el amor y la verdad de Cristo en un ámbito inédito, para la gloria de Dios y la bendición de los necesitados.

## Testimonios de transformación en el metaverso

Aunque parezca increíble, hay historias de personas que, tras participar en cultos y discipulados virtuales, han tomado la decisión de seguir a Cristo. Algunos testimonios relatan encuentros providenciales, como un usuario que entró accidentalmente a un evento evangélico en realidad virtual y, conmovido por el mensaje, pidió oración. Otro ejemplo es el de alguien que sufría depresión y encontró en una iglesia VR un grupo de amigos que lo alentó a buscar ayuda profesional y a desarrollar su fe.

Estos casos muestran que Dios puede obrar en cualquier contexto, rompiendo la barrera de lo intangible y tocando corazones que necesitan esperanza. La comunidad cristiana, a través de la guía del Espíritu Santo, puede encontrar en estos nuevos espacios un recordatorio de que el Evangelio no está atado a un edificio de ladrillos, sino a la disposición de los creyentes para salir al encuentro del otro, sin importar la forma que tome ese encuentro.

La autenticidad de la vida transformada y la comunión con hermanos de todo el mundo dan fe de que la virtualidad no necesariamente destruye la experiencia eclesial. Más bien, la redefine. En esa redefinición, la iglesia aprende a ser flexible y a confiar en que Dios sigue obrando, aun en dimensiones que algunos podrían considerar frías o irreales.

## Una tarea de discernimiento y valentía

La incursión en el metaverso exige discernimiento teológico y pastoral. No se trata de abrazar la última moda tecnológica de forma irreflexiva, sino de analizar cómo encaja esta innovación en la misión histórica de la iglesia. El liderazgo debe preguntarse qué valores y prácticas esenciales no pueden perderse —la predicación bíblica, la comunión fraterna, la disciplina eclesial— y de qué maneras se pueden adaptar dichas prácticas a un escenario virtual.

Del mismo modo, la comunidad en su conjunto debe mostrar valentía para dar pasos en una realidad desconocida. Como dijo Tesla, "el progreso y el desarrollo son imposibles si uno sigue haciendo las cosas tal como siempre las ha hecho". Aún con posibles tropiezos, la iglesia tiene la oportunidad de romper barreras culturales y tecnológicas, recordando que el mensaje de Cristo puede penetrar donde la humanidad se conecte.

En última instancia, esta audacia se sustenta en la convicción de que el Evangelio es poder de Dios para salvar a todo aquel que cree, ya sea en un templo, en una casa, en una plaza o en un mundo virtual lleno de avatares. Confiar en esa verdad libra a la iglesia de cualquier temor exagerado y le impulsa a extender la gracia de Dios a cada rincón, incluido el metaverso.

## Una revolución misionera en ciernes

Al contemplar la expansión del metaverso, se vislumbra una auténtica revolución misionera. Como sucedió con la imprenta en la Reforma protestante, la radio en el siglo XX o internet en las últimas décadas, la realidad virtual se perfila como la próxima gran innovación que el Espíritu Santo puede usar para extender el Reino. Para algunos, esto será un complemento a su ministerio presencial; para otros, un llamado específico a servir en la "primera línea" de las iglesias VR y comunidades virtuales.

Lo más importante es que la iglesia no pierda de vista su identidad centrada en Jesucristo, su mandato de hacer discípulos y su vocación de amar al prójimo. Con ese corazón, las acciones en el metaverso dejarán de ser mera curiosidad tecnológica para convertirse en un acto de obediencia y pasión misionera. El camino no está exento de desafíos, pero la historia confirma que donde hay fe y creatividad, Dios abre puertas insospechadas.

Así, el Evangelio puede resonar en un campo digital más allá de lo que imaginamos, alcanzando a personas que jamás considerarían entrar a un templo, pero que sí se aventuran en un mundo virtual. Si la iglesia está dispuesta a hacer las cosas de un modo diferente, confiando en la soberanía de Dios, el metaverso puede ser el escenario de una nueva y sorprendente cosecha espiritual.

ENLACE IV

# LA IA COMO PUENTE INTERRELIGIOSO

El mundo actual se caracteriza por la coexistencia —a veces armoniosa, otras veces conflictiva— de múltiples tradiciones religiosas. En medio de una globalización que acerca fronteras, también surgen tensiones causadas por la ignorancia, los prejuicios o la incapacidad de dialogar con quienes piensan diferente. Es en este contexto donde la inteligencia artificial (IA) se alza como una posible aliada para promover el entendimiento y la cooperación entre credos.

Lejos de limitarse a fines comerciales o de entretenimiento, la IA puede facilitar debates respetuosos y proyectos conjuntos que reúnan a creyentes de diferentes religiones. Al fin y al cabo, muchos de los grandes problemas que enfrenta la humanidad —la pobreza, el hambre, la crisis climática— nos convocan a trabajar unidos, sin importar las diferencias doctrinales. La tecnología, bien empleada, sirve como un puente que acorta distancias culturales y lingüísticas, abriendo oportunidades para la colaboración y la paz.

## IA al servicio del entendimiento mutuo

Existen plataformas interreligiosas que, mediante algoritmos de emparejamiento, promueven el encuentro virtual entre personas que, de otra manera, jamás se habrían conocido. Imagina una aplicación que analiza los intereses, las inquietudes espirituales y el trasfondo cultural de cada usuario, para luego sugerir diálogos uno a uno o debates grupales en línea. Al igual que un "traductor cultural", la IA facilita que el intercambio sea constructivo y se centre en los valores compartidos, en lugar de estancarse en las discrepancias doctrinales.

Un ejemplo de esto son los foros virtuales donde cristianos, musulmanes, judíos y personas de otras creencias se reúnen para discutir temas de justicia social, ética en la tecnología o preservación del medio ambiente. Estos escenarios generan un clima de respeto mutuo, donde cada parte aporta sus convicciones y se enriquece de la sabiduría del otro. Lejos de la polémica estéril, se vislumbra la posibilidad de que las religiones sean fuente de inspiración para el amor al prójimo y la compasión hacia quienes sufren.

En un mundo polarizado, Jesús enseñó a amar al prójimo y a ser pacificadores. Si la IA puede allanar el camino para que personas de distintas religiones se sienten a dialogar y trabajar juntas, entonces estamos ante una herramienta que cumple un mandato bíblico: "Bienaventurados los pacificadores" (Mateo 5:9). La tecnología, siempre que se use con humildad y apertura, refuerza esa vocación de promover la reconciliación y el servicio común.

## Derribando prejuicios y construyendo puentes

La IA, en su papel de "mediadora virtual", permite derribar prejuicios que a menudo nacen de la desinformación o del desconocimiento del otro. Por medio de chats, videollamadas y espacios de debate, cada fe puede exponer sus fundamentos y prácticas, mientras la otra escucha con respeto. Esta dinámica no busca diluir las identidades religiosas, sino entenderlas mejor. El objetivo es aclarar que, detrás de las diferencias teológicas, existe un anhelo compartido de vivir en paz y de promover la dignidad humana.

Estas iniciativas resultan especialmente valiosas en regiones donde los conflictos interreligiosos han causado heridas profundas. Allí, la IA puede propiciar encuentros virtuales que, con el tiempo, deriven en proyectos de reconciliación y apoyo a las comunidades más afectadas. El simple hecho de entablar una conversación sincera ya significa un paso enorme hacia la confianza mutua. De esa manera, la labor conjunta trasciende la pantalla y se encamina a la acción concreta de ayudar a quienes padecen pobreza, falta de educación o discriminación.

En última instancia, la IA sirve como catalizador, pero la verdadera construcción de puentes depende de la disposición de las personas para dejar atrás sus recelos y tender la mano al "otro". Si el cristianismo aboga por el amor incondicional, entonces estos espacios interreligiosos se convierten en un campo de práctica de ese amor, un amor que se atreve a escuchar y a servir más allá de las fronteras confesionales.

## La cooperación más allá de la teoría

Hablar de diálogo es un primer paso, pero la verdadera transformación ocurre cuando se pasa a la cooperación práctica. Proyectos de ayuda social conjuntos —enfocados en la educación, la salud o la atención a refugiados— ofrecen una oportunidad para que líderes religiosos y comunidades de fe trabajen codo a codo en beneficio del bien común. La IA puede coordinar estos esfuerzos, ya sea analizando datos sobre las regiones con mayor necesidad o diseñando planes de acción que optimicen el uso de recursos.

Por ejemplo, se han visto iniciativas donde iglesias cristianas, mezquitas y sinagogas se unen para organizar bancos de alimentos o campañas de vacunación, asistidas por algoritmos que identifican las zonas de mayor vulnerabilidad. El hecho de unir fuerzas en un proyecto compartido disuelve prejuicios que, con frecuencia, se sostienen en la falta de trato personal. Ante la presencia del hambre o la enfermedad, las barreras sectarias se desmoronan y surge el rostro compasivo de una humanidad que desea reflejar la bondad de su Creador.

Evidentemente, no todo es ideal. Surgen roces y desacuerdos sobre la interpretación teológica o sobre los valores que deben regir la vida social. Sin embargo, la experiencia indica que, cuando se acuerdan objetivos humanitarios comunes, esas diferencias pasan a un segundo plano. Mientras se mantenga el respeto mutuo, el acuerdo en la acción se convierte en un ejemplo elocuente de convivencia interreligiosa que encarna, en la práctica, el amor al prójimo.

### Un puente de compasión en tiempo real

Las historias que ilustran cómo la IA puede impulsar la colaboración y la reconciliación van más allá de la teoría. En algunos lugares, líderes cristianos y musulmanes han organizado reuniones virtuales para orar y planificar campañas humanitarias conjuntas. Estas conversaciones a menudo recurren a aplicaciones de traducción simultánea, donde los algoritmos interpretan las intervenciones de cada participante al idioma de los demás. Es así como se superan barreras lingüísticas y culturales que, de otro modo, dificultarían la cooperación.

Imagina una campaña exitosa de un grupo cristiano que se une a una asociación islámica para llevar agua potable a un pueblo remoto. Un software de IA ayuda a gestionar la logística, asignar fondos y monitorear el progreso. Al tiempo que trabajan juntos, los participantes descubren valores compartidos: la compasión, la hospitalidad y el deseo de ver un mundo más justo. Esta vivencia conjunta sella lazos de amistad y respeto, disolviendo estereotipos que se arrastraban desde hace décadas.

Teresa de Calcuta solía decir: “Si quieres cambiar el mundo, ve a casa y ama a tu familia”. Hoy, en un mundo globalizado, nuestras “familias” pueden ser comunidades de diferente fe que comparten un mismo proyecto de bondad. La IA, en ese contexto, actúa como “traductor de la compasión”, acercando las voces y demostrando que la cooperación no implica renunciar a la identidad propia, sino enriquecerse con la diversidad del otro.

## Desafíos en la construcción de lazos interreligiosos

Sin embargo, esta apertura no está exenta de desafíos. Uno de ellos radica en el escepticismo o el rechazo de sectores más cerrados dentro de cada tradición religiosa, que desconfían del diálogo y ven en la tecnología un instrumento capaz de corromper la "pureza" doctrinal. Otros temen la manipulación ideológica, la pérdida de identidad y el "sincretismo" que diluya los rasgos esenciales de la fe.

Ante este panorama, es necesario un equilibrio. El diálogo interreligioso no persigue una homogeneización teológica, sino el entendimiento y la cooperación en temas de interés común. Así, cada tradición conserva su fe y sus prácticas, pero encuentra en la IA una vía para trabajar por la paz y la justicia. El amor al prójimo, presente en numerosas religiones, sirve de base para estas alianzas temporales o de largo plazo, orientadas a servir a los más vulnerables.

Otro desafío reside en la calidad de la interacción. No basta con dialogar superficialmente; se requiere sinceridad para reconocer las divergencias y madurez para mantener la unidad en lo esencial: la dignidad de cada ser humano, la búsqueda del bien común y la renuncia a la violencia. La IA puede ofrecer espacios virtuales de encuentro, pero la voluntad de ir más allá de la charla digital y concretar acciones reales depende de la convicción de los líderes y las comunidades.

## El papel de la Iglesia cristiana en la colaboración interreligiosa

Dado que el cristianismo propone la reconciliación como uno de sus principios centrales (2 Corintios 5:18-19), la Iglesia está llamada a liderar o, al menos, a participar activamente en proyectos interreligiosos. Esto implica abandonar posturas de superioridad o de aislamiento, para abrazar la humildad que

Cristo enseñó. El papel de la IA en este escenario es convertirse en una herramienta para la diplomacia espiritual: organizar foros, difundir convocatorias y facilitar la traducción o la mediación entre diferentes confesiones.

La Iglesia también debe velar por no comprometer su mensaje central, que es la proclamación de la buena nueva de salvación en Jesucristo. Al mismo tiempo, puede respetar y escuchar las creencias ajenas, reconociendo la dignidad de quienes las sostienen. En la medida en que se muestre un interés real por las necesidades humanas y se promueva la convivencia pacífica, el testimonio cristiano se vuelve más auténtico. Así, la fe no se percibe como excluyente, sino como fuerza que impulsa a amar al otro, independientemente de sus convicciones.

En esta labor, las plataformas digitales basadas en IA pueden ofrecer recursos didácticos para formar a los jóvenes en la cultura del respeto y la tolerancia, mostrando ejemplos de colaboración con otras religiones. De esta forma, las nuevas generaciones crecen con una mentalidad más abierta y dispuesta a cooperar, lo cual se traduce en un futuro con menos conflictos y más solidaridad.

## Éxitos y aprendizajes en la práctica

En la práctica, algunos proyectos de cooperación interreligiosa han cosechado grandes logros gracias a la IA. Por ejemplo, una plataforma que reúne datos de organizaciones cristianas, musulmanas, judías y de otras fes para optimizar la distribución de alimentos en zonas marginadas. A través de algoritmos, se priorizan las áreas con mayor necesidad y se propone la creación de comités mixtos que supervisen la entrega.

Estos éxitos demuestran que, cuando el afán de servicio predomina sobre la disputa doctrinal, la colaboración fluye y se beneficia a decenas de familias necesitadas. En el proceso, las comunidades involucradas desarrollan lazos de confianza. Aprenden que no están "contra" el otro, sino "con" el otro para una misión superior: aliviar el sufrimiento y promover la justicia social. Este cambio de perspectiva reduce los prejuicios, desarticula los discursos de odio y sienta las bases para una convivencia donde la fe se traduce en acciones concretas de amor.

Por supuesto, no todos los proyectos llegan a un final feliz. Hay iniciativas que fracasan por falta de liderazgo, recursos o porque las tensiones ideológicas resultan demasiado intensas. Sin embargo, cada paso dado deja lecciones sobre la necesidad de la paciencia, el realismo y la perseverancia. Con tiempo y dedicación, la IA puede seguir aportando ideas y soluciones que allanen el camino para una cooperación más sólida.

## Más allá del mero diálogo: la acción transformadora

El fin último de estos puentes interreligiosos no es solo el diálogo en sí, sino la transformación de la realidad. Las palabras de Jesús de amar al prójimo cobran sentido cuando se trabajan políticas de reconciliación, se impulsan programas de alfabetización y se promueven iniciativas de desarrollo comunitario. El éxito radica en que cada creencia aporte su fuerza moral y espiritual, canalizándola hacia la construcción del bien común.

Aquí, la IA actúa como facilitadora, pero la voluntad humana y la gracia divina son las que hacen posible el cambio. Si bien el cristianismo mantiene su convicción en la redención que proviene de Cristo, reconoce que Dios puede obrar milagros de paz incluso en contextos donde reina la pluralidad religiosa. Lo esencial es que, al estrechar la mano de otras tradiciones, la iglesia practica el mandamiento de "ser pacificadores" y "amar a los enemigos", demostrando que la fe cristiana trasciende las meras palabras.

En suma, esta colaboración interreligiosa está lejos de ser ingenua o irrealista. Se funda en el entendimiento de que cada persona es un ser valioso, creado por Dios, y que la cooperación en causas justas refleja el anhelo divino de reconciliación. El papel de la IA, entonces, es el de un canal que amplifica el mensaje de paz y el trabajo conjunto, reduciendo la brecha cultural y lingüística que tantas veces obstaculiza la comunión.

## Un futuro de esperanza y compasión compartida

El panorama que se perfila para las próximas décadas apunta a un aumento de las interacciones interreligiosas, sea por motivos sociales, humanitarios o ecológicos. La IA, como parte esencial del mundo moderno, contribuirá cada vez más a orquestar estas iniciativas, superando fronteras geográficas y derribando muros de incomprensión. La iglesia cristiana, con su llamado a la unidad y la reconciliación, puede ocupar un lugar protagónico en esta historia, sirviendo de puente y testigo de la gracia de Dios en medio de la diversidad.

La esperanza radica en la posibilidad de que cristianos, musulmanes, judíos, hindúes y personas de otras creencias unan esfuerzos para sanar heridas colectivas y enfrentar juntos los desafíos de la humanidad. Más que un sueño, es una realidad que ya empieza a forjarse en diversos rincones del planeta. Tal como se ejemplificó con la historia de los líderes cristianos y musulmanes que se reunieron virtualmente para orar, la colaboración interreligiosa no solo es posible, sino tremendamente esperanzadora.

Cada familia, cada comunidad, puede encarnar este cambio. La familia humana se compone de individuos de fe variada, pero la compasión y la verdad encuentran caminos para prevalecer. En ese sentido, la IA no es sino un espejo de nuestras intenciones: si la usamos con amor y dedicación, reflejará la bondad de Dios hacia todos los pueblos, sin importar su credo. La invitación cristiana es a avanzar con firmeza en esa dirección, reconociendo que solo el amor puede vencer las diferencias y edificar un mundo más justo y fraterno.

ENLACE V

# VISIONES PROFÉTICAS EN TIEMPOS DE IA

En la actualidad, el vertiginoso avance de la inteligencia artificial (IA) ha suscitado múltiples interrogantes en el ámbito cristiano. ¿Tiene la IA un lugar en la soberanía divina? ¿Cómo interpretar las profecías bíblicas a la luz de una realidad donde las máquinas aprenden y toman decisiones? Aunque no existe una respuesta sencilla ni unánime, el debate pone de manifiesto la necesidad de reflexionar teológicamente sobre el rol de la tecnología en los propósitos de Dios.

Algunos ven en la IA una señal de los tiempos, asociada a los anuncios apocalípticos o al peligro de la deshumanización. Otros perciben una oportunidad extraordinaria para que el Evangelio sea anunciado con mayor rapidez y eficacia, llegando hasta los confines de la tierra. En este cruce de opiniones, la Palabra de Dios nos recuerda que todo poder y autoridad pertenecen al Creador, y que a nosotros, como administradores de Su creación, nos corresponde usar sabiamente el ingenio humano para el bien común y la gloria divina.

## Una mirada bíblica a la innovación

La Biblia no menciona la IA de forma explícita, claro está. Sin embargo, sí presenta principios que pueden orientarnos en la evaluación de cualquier innovación humana. En el libro de Génesis, Dios crea al ser humano a Su imagen y semejanza, dotándolo de creatividad y capacidad para cultivar y guardar la tierra. Esta vocación cultural implica el desarrollo de la ciencia y la tecnología, con la meta de bendecir la vida y dar a conocer la bondad divina.

Desde esta perspectiva, la IA sería una prolongación de la creatividad humana. Pero, al mismo tiempo, la Escritura advierte sobre los riesgos del orgullo y la rebeldía. Ya en la torre de Babel (Génesis 11) vemos cómo el afán de grandeza puede llevar a la autosuficiencia y a la idolatría tecnológica, pretendiendo desplazar a Dios. Por tanto, la IA, con todo su potencial, sigue siendo una herramienta que, usada con humildad y amor al prójimo, puede servir a la causa de Cristo; pero, mal empleada, puede convertirse en una fuente de injusticia y control abusivo.

## Soberanía divina y libre albedrío humano

Otro punto relevante radica en la relación entre la soberanía de Dios y el libre albedrío humano. Si creemos que el Altísimo gobierna la historia, todo progreso o retroceso tecnológico cae bajo Su mirada, sin que ello elimine nuestra responsabilidad de discernir el bien y el mal. La IA, como cualquier creación humana, se sitúa en el ámbito del "hombre sub-creador". Es fruto del ingenio dado por Dios, y al mismo tiempo está sujeta a la ética, al amor y a la justicia que el Señor demanda.

Así, el cristiano no debe temer a la IA como si escapara del control divino; pero tampoco ha de someterse a ella pasivamente, considerándola inevitable. Hay que buscar el consejo del Espíritu Santo para determinar si un desarrollo tecnológico específico beneficia o perjudica la dignidad humana. Con sabiduría, la Iglesia puede alentar la investigación que alivie el sufrimiento y promueva la inclusión, rechazando, a su vez, los proyectos que fomenten la explotación o la manipulación.

Este proceso de discernimiento implica que pastores, teólogos, científicos y laicos dialoguen sobre las implicaciones de la IA. Al igual que en otros momentos históricos —como la revolución industrial o la llegada de la biotecnología—, la comunidad de fe está llamada a dar testimonio de la voluntad de Dios, protegiendo al vulnerable y proclamando la gracia de Cristo en todos los espacios.

## La relación con las profecías bíblicas de los últimos tiempos

Las profecías bíblicas acerca del fin de los tiempos han sido interpretadas de múltiples maneras a lo largo de la historia. Algunos se centran en la aparición del "Anticristo", otros en la marca de la bestia o en la gran tribulación. La aparición de avances como la IA, la robótica y la automatización ha llevado a algunos creyentes a especular si estamos a las puertas de ese escenario apocalíptico. Sin embargo, la Palabra de Dios llama a la prudencia, pues nadie conoce el día ni la hora del regreso del Señor (Mateo 24:36).

Por otro lado, es factible considerar que la IA forme parte de "una gran herramienta de redención", en el sentido de que facilite la propagación del Evangelio y el establecimiento de la justicia. La tecnología, cuando se utiliza para atender necesidades sociales, combatir el hambre o promover la educación, puede reflejar el carácter compasivo de Cristo. Del mismo modo, redes globales de comunicación y traductores automáticos permiten que la Biblia llegue a lugares insospechados, acelerando el cumplimiento de la gran comisión.

Al final, lo esencial es mantener la mirada en Jesús y en Su plan de reconciliación. La historia de la salvación no depende de los cambios tecnológicos, sino de la acción soberana de Dios. Sin embargo, Él nos ha dado la capacidad de participar en Su obra, sirviéndonos de las herramientas disponibles para anunciar el Reino y hacer el bien. La IA, por ende, no cancela la esperanza profética, sino que puede integrarse a ella con la debida cautela y responsabilidad.

## Una creación humana que puede usarse para el bien o el mal

Volviendo al punto de la responsabilidad, es crucial enfatizar que la IA, en sí misma, carece de moral. Son los seres humanos quienes deciden cómo emplearla. El fuego, la rueda o la imprenta han sido, en su momento, innovaciones que revolucionaron la sociedad, y tanto pudieron propiciar la iluminación y el progreso como la destrucción y la opresión. Igualmente, los algoritmos de la IA pueden dar lugar a una economía más justa y eficiente o legitimar modelos de control social deshumanizantes.

Así, la Iglesia está llamada a participar en el debate público sobre las regulaciones y los principios éticos que deben regir el desarrollo de la IA. La voz profética de la fe cristiana puede señalar peligros, como la manipulación de datos, la pérdida de privacidad o la discriminación algorítmica. Pero, al mismo tiempo, puede proclamar la posibilidad de que la tecnología sostenga iniciativas de caridad, equidad y evangelización. Es un terreno donde se ponen a prueba la sabiduría y la valentía de los creyentes, instándolos a no huir del mundo, sino a transformarlo con la luz de Cristo.

## Viviendo con la mirada en la eternidad

Billy Graham solía afirmar: "Mi hogar está en el cielo. Solo estoy de paso por este mundo". Esa perspectiva de peregrinaje añade una dimensión crucial a nuestra relación con la tecnología. Si bien podemos beneficiarnos de los avances técnicos, la idolatría tecnológica (creer que la IA o cualquier invención salvará a la humanidad) es un error. Nuestra esperanza final no descansa en las máquinas, sino en el poder y en la gracia de Dios.

Sin embargo, esta mirada celestial no significa escapar de las responsabilidades terrenales. Mientras transitamos este mundo, tenemos el llamado de amar, servir y anunciar la Palabra. La IA se convierte en una herramienta útil para compartir el Evangelio, discipular a los nuevos creyentes y atender las necesidades más urgentes de la sociedad. Podemos producir recursos digitales, transmitir cultos en vivo y orar con alguien que está a miles de kilómetros, todo a través de plataformas y dispositivos impulsados por algoritmos inteligentes.

La eternidad está en nuestro horizonte, pero la acción concreta en el presente también reviste importancia. Entre la esperanza celestial y la vocación terrenal, los cristianos encuentran un equilibrio que alumbra el camino, usando la IA con gratitud y sin temores infundados.

## La IA como instrumento, no como ídolo

La tentación de elevar la tecnología a la categoría de ídolo siempre ha rondado a la humanidad. En nuestros días, algunos ven en la IA la "solución definitiva" a los grandes males del mundo; otros, en cambio, la demonizan considerándola la encarnación de los peligros del fin de los tiempos. El equilibrio bíblico enseña que no debemos idolatrar ni satanizar la creación humana, sino reconocerla como un medio sujeto a la soberanía de Dios.

Cuando la iglesia adopta la IA con humildad, gratitud y responsabilidad, refleja la creatividad divina. Tal como el salmista proclamaba la maravilla de la obra de Dios en la naturaleza, hoy podemos admirar la ingeniosidad que permite a las máquinas aprender y procesar millones de datos para facilitar la vida y el ministerio cristiano. El punto crítico radica en no delegar en la tecnología funciones que competen a nuestro llamado cristiano de amarnos, servirnos y relacionarnos unos con otros en la verdad y la compasión.

De la misma forma, la vigilancia es necesaria para no convertirnos en usuarios acríticos de la IA. La formación ética y la consulta con profesionales de la tecnología ayudan a discernir dónde, cómo y para qué implementar estas soluciones. Y, sobre todo, a orar por un uso recto y sabio que glorifique al Creador, proteja a los vulnerables y extienda el mensaje de salvación.

## Testimonios de iglesias que abrazan el futuro con fe

Aunque la discusión teológica acerca de la IA está en pleno desarrollo, ya existen comunidades cristianas que, con prudencia y esperanza, han integrado herramientas tecnológicas en su misión. Por ejemplo, algunas iglesias emplean chatbots para responder dudas básicas sobre el Evangelio, orientando a usuarios a materiales de discipulado e invitándolos a conectarse con líderes en vivo. Otras trabajan con sistemas de IA para la organización de proyectos de servicio social, maximizando el impacto de los recursos y reduciendo la burocracia.

En estos contextos, se aprecia una iglesia que no cede a la fascinación ingenua ni al miedo paralizante. Más bien, se pone a la vanguardia en temas de responsabilidad digital, promoviendo la privacidad de datos, la transparencia y la búsqueda del bien común. Paralelamente, testimonios de personas que han descubierto la fe a través de un devocional automatizado o una aplicación bíblica confirman que la tecnología puede ser un catalizador de encuentros con Cristo.

Lo más inspirador es ver cómo dichos avances no apagan el fuego espiritual, sino que, por el contrario, liberan tiempo y energías para que los líderes dediquen mayor atención a la predicación, el acompañamiento personal y la oración. Así, la iglesia demuestra que la IA no reemplaza la unción del Espíritu Santo, sino que la complementa en la tarea de extender el Reino.

## Hacia una ética cristiana de la tecnología

Para que la visión profética de la iglesia en tiempos de IA se concrete, es necesario delinear los fundamentos de una ética cristiana de la tecnología. Esto implica:

- **Dignidad humana:** Todo desarrollo debe velar por el respeto a la imagen de Dios en cada persona, evitando sistemas que cosifiquen o marginen.
- **Justicia y equidad:** La tecnología no puede ser un privilegio de unos pocos, sino un recurso que beneficie a comunidades en desventaja.
- **Transparencia y rendición de cuentas:** Los algoritmos que afectan la vida de las personas deben ser auditables y sometidos a valores éticos claros.
- **Servicio y compasión:** La IA debe emplearse como herramienta para la solidaridad, la evangelización y la construcción de la paz.

Estos cuatro principios se entrelazan con la convicción de que el futuro no se halla en manos de un destino ciego, sino en las de un Dios amoroso que llama a Su pueblo a ser sal y luz. La IA, en este sentido, no es una amenaza definitiva ni la utopía final; es un escenario de decisiones donde los creyentes demuestran, mediante el amor y la sabiduría, su compromiso con el Evangelio.

## Un futuro de redención y creatividad divina

En conclusión, las visiones proféticas en tiempos de IA nos sitúan ante un panorama repleto de desafíos y oportunidades.

Nos preguntamos si la IA podría formar parte de la gran herramienta de redención que impulse a la iglesia a llevar el Evangelio a cada rincón del planeta. Y, aunque no hay respuesta definitiva, sí podemos afirmar que Dios sigue obrando en la historia, y que cada innovación humana puede convertirse en instrumento de bendición si se somete a Su voluntad.

Mientras caminamos por este planeta, tenemos el privilegio de emplear la IA, la robótica y otras tecnologías para servir mejor. La Biblia enseña que toda sabiduría procede de lo alto; por eso, necesitamos un corazón humilde y orante que busque en Dios la dirección para usar estos recursos sin caer en la idolatría o la pasividad.

Al abrazar el futuro con esperanza y propósito, la iglesia encarna la creatividad divina y atestigua un horizonte donde la tecnología se pone al servicio de la redención de la humanidad. Lejos de generar pánico o culto a la máquina, la IA ocupa su justo lugar: una creación humana que refleja la "Imago Dei" en cuanto a la inventiva, pero que sólo encuentra su plenitud cuando se orienta al amor, la justicia y la proclamación del Reino eterno de Dios.

# NODO #5 | EL CAMINO HACIA ADELANTE

ENLACE I

# ESTRATEGIAS PARA LIDERAR EL CAMBIO

Después de explorar cómo la tecnología, y en especial la inteligencia artificial (IA), puede influir en la vida y el testimonio de la iglesia, surge la gran pregunta: ¿Cómo comenzar a implementar estos recursos sin perder la esencia del ministerio cristiano? La respuesta no se halla en una fórmula mágica, sino en una estrategia basada en la capacitación, el pilotaje inteligente y el constante énfasis en la comunidad y la misión.

Mientras algunas congregaciones adoptan la IA con entusiasmo, otras miran con cautela sus posibilidades y desafíos. Liderar el cambio implica reconocer las distintas velocidades y predisposiciones de la gente, sin imponer una dirección única. A la vez, exige una visión clara que muestre por qué, cómo y para qué se integra la tecnología, de forma que todos comprendan los beneficios y puedan participar activamente del proceso.

## Cómo las iglesias pueden adoptar la IA sin perder su esencia

El primer paso para adoptar la IA con éxito es formar a líderes y miembros en el uso responsable de la tecnología. Esto no significa convertir a cada persona en programador, sino ofrecer una comprensión básica de cómo funcionan los sistemas de IA y cuáles son sus implicaciones éticas, sociales y espirituales. Una capacitación de este tipo puede impartirse en talleres, conferencias o cursos en línea, adaptados a las distintas edades y niveles de conocimiento dentro de la comunidad.

El discernimiento es igualmente esencial. Así como la iglesia examina doctrinas y prácticas para determinar si honran a Dios y edifican a la congregación, también debe preguntarse: ¿Cómo honra esta tecnología a Dios y sirve a las personas? ¿Promueve la justicia, la compasión y la verdad, o fomenta la desigualdad y el control desmedido? La clave es cultivar una cultura de oración y debate donde cada nuevo proyecto o herramienta se evalúe a la luz de valores cristianos. De esta manera, la iglesia no se deja llevar por la novedad tecnológica, sino que discierne su conveniencia con seriedad pastoral.

### Pilotaje y retroalimentación

Después de la capacitación, el siguiente paso es poner en práctica pequeños proyectos piloto. Para no abrumar a la congregación, conviene empezar con iniciativas de alcance limitado, como el uso de un chatbot en la página web de la iglesia que ofrezca información básica o reciba peticiones de oración. Otra opción es emplear un sistema de análisis de datos para mejorar la organización de voluntarios o la distribución de ayudas sociales.

A lo largo de este piloto, la retroalimentación de la comunidad resulta fundamental. Escuchar las opiniones de los miembros sobre la utilidad, la accesibilidad y los posibles inconvenientes de la herramienta empleada es clave para ajustar la estrategia y asegurarse de que la tecnología sea realmente beneficiosa. De esta manera, se involucra al conjunto de la iglesia en el proceso de adopción, generando confianza y un sentido de pertenencia al cambio.

Esta metodología de "piloto y evaluación" permite a las iglesias aprender de manera práctica, evitando tanto el riesgo de avanzar a ciegas como la parálisis por temor. Con cada experiencia, se obtienen datos concretos que iluminan el camino hacia la expansión o la modificación de los proyectos tecnológicos.

### Énfasis en la comunidad

Uno de los peligros más señalados de la tecnología es la deshumanización o el individualismo exacerbado. Por ello, es crucial subrayar que la IA está al servicio de la comunidad cristiana y de la misión de la iglesia, nunca al revés. Por ejemplo, si se implementa un asistente virtual para atender dudas o peticiones de la congregación, la finalidad no es desplazar al pastor o a los líderes, sino liberar su tiempo para el acompañamiento profundo de las personas que lo requieran.

La comunidad cristiana es, ante todo, un cuerpo vivo donde cada miembro aporta sus dones. La IA no sustituye a las personas, sino que busca potenciar las capacidades de la comunidad, haciéndola más eficiente en la comunicación, la organización y el servicio. Al mantener este énfasis, se evita convertir a la tecnología en un fin en sí mismo y se preserva la esencia relacional del Evangelio.

En la práctica, es recomendable invitar a la congregación a participar activamente: se puede convocar a reuniones informativas, encuestas y conversaciones abiertas donde se aborden las expectativas y los temores sobre la integración de la IA. La transparencia y la escucha mutua refuerzan los lazos y facilitan la transición hacia el cambio.

## Un camino ordenado hacia la innovación

La adopción de la IA no se limita a buenas intenciones. Requiere de estrategias y recursos concretos que ayuden a la iglesia a navegar este proceso con seguridad y responsabilidad. Entre las iniciativas más útiles se encuentran:

- **Manual de Ética Tecnológica:** Un documento que la iglesia elabora para establecer principios claros sobre la privacidad de datos, la dependencia digital y la transparencia en la toma de decisiones. Este manual se convierte en una guía para cada proyecto, evitando improvisaciones y fijando estándares morales.
- **Equipo de Innovación:** Personas con talento tecnológico y sensibilidad pastoral que lideren la implementación de proyectos de IA y otras tecnologías. Este

equipo actúa como puente entre los aspectos técnicos y las necesidades espirituales de la congregación, velando por el equilibrio entre eficacia y pastoralidad.

- **Recursos compartidos:** La asociación con otras iglesias, organizaciones cristianas y plataformas de capacitación permite aprender colectivamente y compartir buenas prácticas. A través de redes de apoyo, se pueden intercambiar experiencias y conocimientos para evitar errores y potenciar el impacto.

## El *Manual de ética tecnológica*

Con frecuencia, las iglesias se aventuran en la tecnología sin un marco ético bien definido. El manual de ética tecnológica sirve para corregir esta tendencia. Este documento debe contener, al menos, los siguientes puntos:

- **Protección de datos:** Definir qué información se recopila, con qué propósito y cómo se resguarda la privacidad de los fieles.
- **Transparencia:** Explicar cuándo y cómo se emplearán sistemas de IA, evitando el uso encubierto o manipulador de algoritmos.
- **Responsabilidad pastoral:** Aclarar el rol de los líderes en la supervisión de proyectos tecnológicos, asegurando que las decisiones se alineen con la enseñanza bíblica.
- **Vulnerabilidad y participación:** Subrayar que la introducción de tecnología no debe excluir a quienes carecen de recursos digitales, promoviendo acciones para la inclusión de todos.

Al aprobar y divulgar este manual, la congregación se compromete a supervisar el uso de la IA de forma colectiva. Las decisiones no se concentran en unas pocas manos, sino que pasan por un proceso de deliberación y rendición de cuentas, reflejando la transparencia y la honestidad propias del cuerpo de Cristo.

### El *Equipo de innovación*

Formar un equipo de innovación supone convocar a miembros que combinen formación o experiencia tecnológica con un profundo entendimiento pastoral. No se trata únicamente de programadores o ingenieros; también es vital que haya líderes sensibles a la vida congregacional, con habilidades de comunicación y discernimiento espiritual. Este equipo puede organizarse como un ministerio más de la iglesia, respondiendo directamente al liderazgo pastoral y al consejo de ancianos o junta directiva. Sus tareas incluyen:

- Explorar tendencias tecnológicas y evaluar su pertinencia para la visión y misión de la iglesia.
- Proponer proyectos piloto basados en necesidades concretas: discipulado, evangelización, administración, servicio social.
- Capacitar a otros líderes y miembros, organizando cursos o talleres que difundan las buenas prácticas.
- Evaluar los resultados de los proyectos, midiendo el impacto en la comunidad y ajustando en consecuencia.

En muchos casos, este equipo puede servir como puente con otras congregaciones o instituciones, reforzando el espíritu colaborativo y evitando el aislamiento tecnológico.

### Recursos compartidos y alianzas estratégicas

La tecnología avanza a tal velocidad que resulta difícil, y a veces costoso, para una sola iglesia estar al día de todas las herramientas y mejores prácticas. Por ello, asociarse con otras iglesias y organizaciones cristianas permite un aprendizaje colectivo. Se pueden crear redes de colaboración donde se compartan testimonios de implementación, soluciones a problemas comunes y, por qué no, los costos de desarrollo o de formación.

Estas alianzas pueden concretarse en:

- Foros en línea donde se exponen las experiencias de cada congregación.
- Conferencias virtuales que profundicen en los aspectos éticos, pastorales y técnicos de la IA.
- Proyectos conjuntos de software libre o plataformas de evangelización y discipulado.
- Convocatorias de voluntarios que aporten sus dones en distintas regiones.

A través de estos recursos compartidos, la iglesia cumple el principio bíblico de la unidad (Juan 17:21), demostrando que la cooperación multiplica los beneficios y evita la duplicación de esfuerzos. El resultado es una comunidad cristiana global más sólida y preparada para enfrentar los desafíos de la era digital.

## El equilibrio entre innovación y tradición

En el afán de modernizarse, las iglesias podrían cometer el error de descuidar aquellos elementos que han sustentado su identidad y testimonio a lo largo de los siglos: la predicación centrada en la Palabra, la oración corporativa, la comunión de los santos y el servicio sacrificial. La implementación de la IA no debe desplazar la esencia de la vida cristiana ni convertir la experiencia de fe en un mero producto tecnológico.

En este sentido, las estrategias de adopción de la IA siempre han de respaldar las prácticas centrales de la iglesia, no sustituirlas. Una aplicación de discipulado digital, por ejemplo, debe apuntar a complementar el discipulado presencial, reforzando la relación real entre mentores y discípulos. Una plataforma de evangelización online coexiste con la conversación cara a cara que testimonia del amor de Cristo. Este equilibrio asegura que la tradición bíblica y la adoración no se diluyan en la virtualidad, sino que se renueven sin perder su profundidad.

## Un horizonte de esperanza y compromiso

En conclusión, las estrategias para liderar el cambio en la adopción de la IA exigen un camino reflexivo, participativo y ético. Desde la formación de un equipo de innovación hasta la creación de un manual de ética tecnológica, cada paso está orientado a que la iglesia integre la tecnología con sabiduría y responsabilidad, sin sacrificar su esencia espiritual.

Al igual que en épocas anteriores, donde la imprenta o la radio fueron causa de controversias iniciales y luego se convirtieron en aliadas poderosas del Evangelio, la IA puede marcar un antes y un después en la historia de la iglesia. El desafío radica en no dejarse llevar por la fascinación ni ceder al temor, sino abrazar la confianza en un Dios que reina sobre la creación y capacita a Sus hijos para ser "luz del mundo" en cualquier época y en cualquier medio.

Así, la comunidad de fe avanza con los ojos puestos en Jesús, "autor y consumador de la fe" (Hebreos 12:2), y con la convicción de que la innovación tecnológica puede servir para glorificarle y servir a la humanidad. El camino hacia adelante se abre con esperanza: la iglesia se moderniza, pero sigue enraizada en el amor, la compasión y la predicación fiel, irradiando la luz de Cristo en un mundo en constante transformación.

ENLACE II

# ÉTICA Y ESPIRITUALIDAD

La adopción de la inteligencia artificial (IA) y otras tecnologías en la vida eclesial no está exenta de implicaciones éticas y espirituales. La revolución digital plantea preguntas profundas acerca de cómo entender la dignidad humana, la justicia y la relación de la iglesia con los avances científicos. Para navegar en este entorno, es vital contar con principios y reflexiones que guíen el uso responsable de la IA, manteniendo siempre la mirada en Jesús y el amor al prójimo.

La ética cristiana no se reduce a un conjunto de normas. Es una invitación a vivir la compasión y la integridad en cada decisión. En el ámbito tecnológico, esto se traduce en diseñar, adoptar o desechar soluciones digitales de acuerdo con el mandamiento de amar a Dios y al prójimo. Así, la IA deja de ser un producto meramente funcional y se convierte en un medio que —bien utilizado— puede honrar la imagen divina presente en cada ser humano.

## Principios para usar la IA con responsabilidad y sabiduría

La dignidad humana, la justicia y equidad, la transparencia y el servicio son principios que emergen de la enseñanza bíblica y de la experiencia histórica de la iglesia. Cada uno de estos ejes ilumina un aspecto esencial de cómo desarrollar y emplear la tecnología en la comunidad cristiana:

- **Dignidad humana:** Toda innovación debe respetar la imagen de Dios en cada persona. Esto implica no utilizar la IA para manipular consciencias o violar la privacidad de los fieles. Los algoritmos deben diseñarse y aplicarse reconociendo que cada usuario es un ser valioso, con un propósito dado por el Creador.
- **Justicia y equidad:** La brecha digital es una realidad que puede agravarse si la iglesia abraza la tecnología

sin pensar en quienes no tienen acceso a ella. Para que la IA sirva verdaderamente al Reino de Dios, se debe procurar que los beneficios lleguen a todos, y no solo a los más privilegiados. Programas de formación, acceso a dispositivos y la colaboración con otras entidades pueden ayudar a reducir esta disparidad.

- **Transparencia:** La confianza de la congregación se fortalece cuando las decisiones acerca del uso de la IA se toman de forma clara y abierta. Esto abarca la comunicación sobre qué datos se recopilan, con qué fines y cómo se protegerá la privacidad de las personas. La transparencia también implica revisar periódicamente los procesos y rendir cuentas ante la comunidad.
- **Servicio:** Si la tecnología no contribuye al servicio cristiano —sea a través de la evangelización, la acción social o el acompañamiento pastoral—, corre el riesgo de volverse un fin en sí misma. La IA debe apuntar al bien común, evitando la explotación o manipulación. En la práctica, esto significa diseñar proyectos que atiendan necesidades reales, promuevan la fraternidad y consoliden la misión de la iglesia.

## Conectando la ética con la espiritualidad

La ética cristiana no puede separarse de la espiritualidad. La dignidad humana, la justicia y el servicio no son meros conceptos filosóficos, sino valores arraigados en el corazón del Evangelio. Jesús, al encarnarse, dignificó la humanidad y mostró un amor que cruza barreras culturales y tecnológicas. Por eso, cuando la iglesia debate sobre la adopción de IA, debe situar a Cristo en el centro, preguntándose: "¿Cómo reflejamos Su carácter en este proceso?".

La oración y la reflexión bíblica aportan discernimiento para que la comunidad no se deje llevar por la novedad ni por la comodidad. Por ejemplo, antes de implementar un sistema de reconocimiento facial en el templo o una plataforma que registre las ofrendas, se puede orar y debatir acerca de los principios de confidencialidad, libertad y apoyo mutuo. Así, la espiritualidad se hace tangible en cada paso, recordando que la relación con Dios da forma a nuestras decisiones tecnológicas.

## Preguntas éticas esenciales que las iglesias deben considerar

Frente a la velocidad con que evoluciona la tecnología, las iglesias se ven obligadas a examinar su conciencia de manera regular. De lo contrario, podrían caer en la pasividad o en el oportunismo, sin advertir las implicaciones de sus actos. En este sentido, algunas preguntas se vuelven ineludibles:

¿En qué momento la IA deja de ser una herramienta y se convierte en un sustituto de la interacción humana? Hay que tener cuidado de no reemplazar la calidez pastoral con respuestas automatizadas. Si bien los chatbots pueden ofrecer información rápida, no pueden brindar la empatía y el acompañamiento que caracterizan el pastoreo bíblico.

¿De qué manera impacta la tecnología en nuestra visión del hombre, la salvación y la comunidad? La fe cristiana enseña que el ser humano es más que datos y algoritmos. La salvación, en su dimensión relacional con Dios, no se reduce a transacciones virtuales. La iglesia debe garantizar que el modelo comunitario —la "koinonía"— no se diluya en una experiencia superficial.

¿Cómo evitamos que la adopción de la IA profundice desigualdades o cree dependencias nocivas? Puede suceder que quienes no entienden o no acceden a la tecnología se queden rezagados. La iglesia, siendo un cuerpo integral, debe promover la inclusión y la formación de todos sus miembros, especialmente de los más vulnerables, de modo que la tecnología no se convierta en una barrera sino en un puente.

## Un compromiso con la dignidad y el amor

La respuesta a estas preguntas varía según el contexto de cada congregación, país o cultura. Sin embargo, el objetivo común es proteger la dignidad y promover el amor cristiano en un mundo cada vez más tecnológico. Esto requiere una postura atenta y creativa, que no se rinda ante las tendencias globales ni adopte posturas extremas de rechazo o idolatría tecnológica.

Cuando la iglesia reconoce a la tecnología como parte de la vocación humana de "labrar y cuidar la tierra" (Génesis 2:15), la IA se aprecia como una prolongación de ese mandato cultural. Sin embargo, la corrupción y el pecado pueden desvirtuar cualquier invento. Por ello, el discernimiento moral es imperativo para distinguir cuáles usos de la IA acercan a la compasión de Cristo y cuáles conducen a la deshumanización.

## Casos prácticos de aplicación ética

Imaginemos algunas situaciones donde la iglesia debe poner en práctica estos principios:

- **Registro de membresía con IA:** Una congregación decide utilizar un software que recopile datos de los miembros para organizar grupos de discipulado y proyectos sociales. Antes de implementar, se pregunta cómo garantizar la confidencialidad y la no discriminación. Diseñan un manual de privacidad y un proceso de consentimiento informado que respete la libertad de cada participante.

- **Chatbot evangelístico:** Un ministerio online lanza un chatbot que contesta preguntas básicas sobre la fe cristiana y la Biblia. Se establece que, en cuanto alguien muestre una necesidad profunda, el chatbot redirige la conversación a un voluntario humano que puede brindar acompañamiento pastoral real. Así, se evita la sustitución de la interacción humana en temas sensibles.
- **Servicio social basado en big data:** Varias iglesias de una ciudad recopilan estadísticas de pobreza para direccionar mejor sus ayudas. Emplean algoritmos de IA que señalan los barrios más desfavorecidos, pero también deciden involucrar a líderes locales para validar la información y entender las necesidades reales. Este equilibrio entre datos y relaciones personales promueve la verdadera justicia y evita la frialdad de la estadística pura.

## El papel del liderazgo pastoral en la ética tecnológica

En este escenario, los pastores y líderes desempeñan un rol determinante. No basta con delegar la responsabilidad en un "equipo de innovación" o en consultores técnicos. El liderazgo pastoral debe formarse para entender las bases éticas y espirituales de la tecnología, y luego transmitir esa visión a la congregación. Mediante predicaciones, estudios bíblicos y conversaciones directas, se puede inculcar una cultura de discernimiento, solidaridad e integridad.

Además, los líderes están llamados a promover la equidad tecnológica, impulsando proyectos de alfabetización digital que ayuden a los adultos mayores, a las personas de bajos recursos o a quienes, por distintos motivos, se sientan intimidados por la IA. Con ello, la comunidad cristiana expresa la hospitalidad y el cuidado por todos, asegurando que nadie quede marginado en la era digital.

## La comunión como antídoto a la deshumanización

La preocupación de muchos respecto a la IA es la potencial deshumanización y el aislamiento que puede provocar. Frente a este temor, la iglesia ofrece una respuesta valiosa: la comunión. La interacción cara a cara, la amistad sincera y la oración compartida conforman la esencia de la experiencia cristiana. Así, si la tecnología apunta a suplir o anular estos encuentros, la iglesia debe poner límites claros.

Por ejemplo, se pueden establecer lineamientos donde se subraye que la consejería pastoral profunda no se delega a un chatbot, y que los grupos de estudio bíblico virtuales, por muy prácticos que sean, no reemplazan la oportunidad de reunirse físicamente cuando sea posible. La fe encarnada —al estilo de Jesús, que caminó entre nosotros— sigue siendo el fundamento, recordando que el amor cristiano no puede digitalizarse por completo.

## Hacia una cultura de colaboración y responsabilidad

Cuando la iglesia aborda la IA desde un marco ético robusto, se abre la puerta a una colaboración más segura con otras instituciones, tanto religiosas como seculares. Gobiernos, empresas y organizaciones no gubernamentales pueden valorar la perspectiva cristiana, que pone a la persona en el centro y defiende la justicia social. De este modo, la comunidad de fe puede incidir positivamente en la elaboración de políticas públicas o en el desarrollo de programas tecnológicos que respeten la dignidad humana.

La responsabilidad no recae únicamente en el liderazgo eclesial, sino en cada miembro. Quien recibe un dispositivo o participa en un proyecto de IA también asume la tarea de usarlo con prudencia, evitando el sensacionalismo o la difusión de información engañosa. Así, la iglesia se convierte en modelo de integridad digital, marcando la diferencia en un entorno plagado de noticias falsas y manipulación algorítmica.

## Un llamado a la integridad y la esperanza

En un mundo cada vez más tecnológico, la iglesia tiene la misión de encarnar el amor y la justicia divinos. El uso responsable y sabio de la IA se inscribe en esta vocación: no es simplemente una cuestión de eficiencia, sino de fidelidad al Evangelio. Los principios de dignidad humana, justicia y equidad, transparencia y servicio actúan como anclas que evitan el naufragio en medio de la transformación digital.

Las preguntas éticas que se plantean no buscan frenar el progreso, sino orientarlo hacia el amor cristiano y la promoción de la vida. El cristiano no debe temer al futuro ni caer en la pasividad, sino actuar con valentía y discernimiento, reflejando la esperanza que tenemos en Cristo. Al fin de cuentas, la IA es una invención humana, y Dios sigue siendo soberano sobre toda creación. En esa verdad, la iglesia encuentra la fortaleza para liderar el cambio con pasión y compasión, sin perder de vista que su esencia permanece arraigada en la fe que salva y en el amor que transforma.

ENLACE III

# UN MENSAJE DE ESPERANZA

La irrupción de la IA en la iglesia puede interpretarse como una amenaza o una bendición. Sin embargo, desde la perspectiva de la fe, no hay avance humano que escape a la soberanía de Dios. Los descubrimientos, las invenciones y las transformaciones sociales son parte del escenario donde la comunidad cristiana está llamada a testificar de Cristo. Por ello, lejos de ver esta revolución tecnológica con recelo, tenemos la posibilidad de asumirla como una oportunidad para crecer en amor, creatividad y alcance misionero.

El temor es una reacción natural ante los cambios radicales. Pero la Biblia nos anima: "Porque no nos ha dado Dios un espíritu de cobardía, sino de poder, de amor y de dominio propio" (2 Timoteo 1:7). Al aferrarnos a esta promesa, entendemos que podemos enfrentar la transición digital con valentía y discernimiento, confiados en que el Creador dirige la historia y nos capacita para llevar Su luz hasta los confines del mundo —incluyendo los nuevos espacios virtuales que emergen.

## El horizonte de una adoración renovada y una misión más amplia

La historia del pueblo de Dios muestra que, en cada época, la iglesia ha encontrado formas novedosas de expresar la adoración y de compartir el mensaje redentor. Con la IA, se abren puertas para composiciones musicales innovadoras, manifestaciones artísticas digitales y experiencias de culto híbrido o completamente en línea. Si antes la imprenta, la radio y la televisión llevaron la predicación a lugares impensados, ahora la IA puede agilizar el estudio bíblico, transformar la pedagogía cristiana y romper barreras culturales en tiempo real.

Además, la comunidad cristiana puede unirse con más fuerza a través de plataformas de interacción donde, por medio de algoritmos bien diseñados, se fomente el compañerismo y el discipulado mutuo. Así, la iglesia, en lugar de fragmentarse, se vuelve más unida y solidaria. La IA facilita la coordinación de proyectos de servicio social, el análisis de necesidades locales y la gestión de recursos para responder con eficacia a las problemáticas de la sociedad.

Queda claro que no faltarán dificultades: la brecha digital, los riesgos de deshumanización y la posible dependencia de los dispositivos exigen cautela. Pero cada desafío trae en sí mismo la semilla de la oportunidad. En la medida en que la iglesia discierna el uso de la tecnología y permanezca arraigada en la Palabra y el amor, podrá encarar el futuro con determinación y confianza.

## El poder de la colaboración en tiempos de IA

La IA no solo amplifica la misión individual de cada congregación, sino que ofrece un terreno fértil para la colaboración interdenominacional y global. Iglesias de distintas regiones y tradiciones pueden compartir recursos, capacitaciones y experiencias. Las plataformas digitales allanan las distancias, permitiendo que los cristianos unan esfuerzos en labores de evangelización, discipulado y asistencia humanitaria.

Al desarrollar sistemas conjuntos de gestión de información, bases de datos sobre necesidades humanitarias o aplicaciones de discipulado en múltiples idiomas, la iglesia universal refuerza su llamado a la unidad y al servicio común. De esta manera, la revolución tecnológica deja de ser una iniciativa aislada, transformándose en un movimiento impulsado por la comunión de los santos. Así, la misión de Cristo adquiere un nuevo vigor, demostrando al mundo que el amor y la colaboración son más fuertes que el individualismo.

## Superando temores y desafíos

En muchos ámbitos cristianos, se percibe un miedo latente a que la IA "desplace" la humanidad y a que el culto se convierta en un espectáculo digital sin alma. Pero la experiencia demuestra que la iglesia, con sus raíces en la Encarnación —ese acto en el que Dios se hizo carne—, sabe integrar lo virtual y lo físico sin perder la calidez relacional. El secreto está en el discernimiento pastoral y en la formación de la comunidad. La IA puede automatizar tareas, pero no reemplaza la oración, la imposición de manos ni la conversación sincera que transforman vidas.

Asimismo, la mirada ética y espiritual evita que la tecnología se convierta en un ídolo que domine las decisiones. El pastor, el líder y cada creyente mantienen la conciencia de que la verdadera fuerza de la iglesia no depende de algoritmos, sino del poder del Espíritu Santo que obra en y a través de los seres humanos. Por eso, la actitud apropiada es la de una innovación humilde y responsable, atenta a las realidades del prójimo y al ejemplo de Cristo en su ministerio compasivo.

## La fe que impulsa la creatividad

La fe cristiana ha inspirado, a lo largo de la historia, grandes actos de audacia y creatividad. Personajes como Spurgeon, Moody, Tesla o Jobs, cada uno en su ámbito, vieron oportunidades de cambiar su entorno y dedicaron su pasión a objetivos trascendentes. Hoy, la iglesia está llamada a ser igualmente visionaria, empleando la IA para ampliar las fronteras de la compasión, la enseñanza y la proclamación.

La creatividad no se limita a desarrollar aplicaciones sofisticadas. Puede expresarse en la forma en que cada comunidad reinventa su culto u organiza el servicio solidario usando algoritmos que prioricen a los más vulnerables.

Puede reflejarse en cómo los jóvenes de la iglesia generan contenido digital de impacto positivo, o cómo los grupos de discipulado se fortalecen mediante encuentros virtuales. El Espíritu Santo sigue siendo fuente de inspiración, soplando ideas y estrategias que ayuden a sanar al mundo y a exaltar el nombre de Jesús.

## El coraje de soñar con un futuro que honre a Dios

En lugar de esconderse ante la complejidad del cambio, la iglesia puede levantarse con coraje. Cada nueva tecnología plantea la opción de ser usada para la gloria de Dios y el bien de la gente, o para fines egoístas y destructivos. La diferencia no la marca el invento en sí, sino el corazón de quien lo maneja. Por eso, la adopción de la IA puede ser un acto de fidelidad, si se hace con la intención de reflejar el carácter de Cristo.

El llamado final es a caminar con fe, discernimiento y esperanza. Como otros visionarios —Tesla, Jobs, Spurgeon, Moody— que en su momento atisbaron una manera distinta de impactar la sociedad, la iglesia también puede soñar con un futuro donde la IA se subordine a los valores del Evangelio. Así, la comunidad cristiana no se conforma con la mediocridad de un uso superficial de la tecnología, sino que la integra en su vocación de amar y servir, manifestando la gracia divina en cada instancia.

## Del código al corazón transformado

La verdadera revolución no está en el código, los algoritmos o la potencia de los servidores. Está en el corazón transformado por el amor de Dios. La tecnología, por compleja y avanzada que sea, sigue siendo una herramienta en manos humanas. Y las manos que la dirigen pueden ser movidas por la codicia, el orgullo y la apatía, o por la misericordia, la justicia y la fe viva. Por ello, el cambio fundamental se gesta en el interior de cada creyente, al abrazar el llamado divino a la santidad y la compasión.

En la práctica, esto significa que cada persona que maneje la IA en la iglesia, ya sea para componer música de adoración, diseñar un chatbot evangelístico o administrar bases de datos de ayuda humanitaria, sepa que su labor es un ministerio. No se trata de simples procesos técnicos, sino de actos de servicio que dan gloria a Dios y bendicen al prójimo. De esa manera, la vocación tecnológica se convierte en una extensión de la vocación cristiana, plasmando los principios del Reino en cada línea de código.

## La compasión y la justicia del Reino reflejadas en la tecnología

Cuando la iglesia adopta la tecnología como instrumento de servicio, se abren caminos para reflejar la compasión y la justicia del Reino. Cada plataforma desarrollada o adoptada con responsabilidad puede ser fuente de ayuda para los necesitados, de educación bíblica para los sedientos de la Palabra, de orientación para quienes buscan sentido. Además, los valores cristianos se traslucen en la manera de diseñar, gobernar y compartir los resultados de la innovación tecnológica.

El testimonio cristiano se vuelve, así, más tangible y efectivo. La IA deja de ser un asunto meramente académico o comercial, para convertirse en un test de la verdadera motivación de la iglesia. ¿Buscamos la comodidad y la fama, o anhelamos la salvación de las almas y la transformación social? La alineación de la tecnología con la misión que Jesús encomendó (Mateo 28:19-20) demuestra que no hay esfera de la vida que quede al margen de Su señorío.

## Un legado para las próximas generaciones

La adopción de la IA no solo impacta la misión actual, sino que forja un legado para las siguientes generaciones. Los jóvenes que hoy se forman en un entorno digital encontrarán en la iglesia un espacio de sentido y corresponsabilidad, si ven que sus habilidades tecnológicas pueden emplearse con propósitos eternos. De igual modo, los adultos y ancianos que se involucran en proyectos tecnológicos, aun cuando el proceso de aprendizaje sea desafiante, dejan un testimonio de apertura y servicio a los más jóvenes.

Así, la fe se transmite no como un sistema anclado en el pasado, sino como una fuerza viva que se adapta a los retos del presente sin renunciar a sus cimientos bíblicos. Cada paso hacia adelante que la iglesia da en materia de innovación se convierte en un mensaje: la Palabra de Dios es para todas las culturas y épocas, y Su Espíritu continúa soplando vida y creatividad en medio de la historia.

## Abrazando el futuro con esperanza y determinación

En conclusión, el mensaje final para la iglesia ante la revolución de la IA es un mensaje de esperanza y determinación. Sostenidos por el amor de Dios, podemos mirar al futuro sin miedo, sabiendo que nada escapa de Su cuidado. Con discernimiento, formamos líderes preparados para el desafío tecnológico; con humildad, aprendemos de la experiencia y corregimos el rumbo cuando sea necesario; con pasión, empleamos la IA para engrandecer la adoración, la comunidad y la misión.

“Mi hogar está en el cielo. Solo estoy de paso por este mundo”, esa visión nos libera de la ansiedad y nos invita a usar cada recurso que tengamos al alcance para amar a Dios y al prójimo. Que la iglesia sea un faro de esperanza en una sociedad en rápida transformación, manifestando el poder de la gracia y de la resurrección de Cristo también en el ámbito digital. Al fin y al cabo, la revolución que cambia vidas no proviene de un código, sino del corazón que late con el fuego del Espíritu de Dios.

# AGRADECIMIENTOS

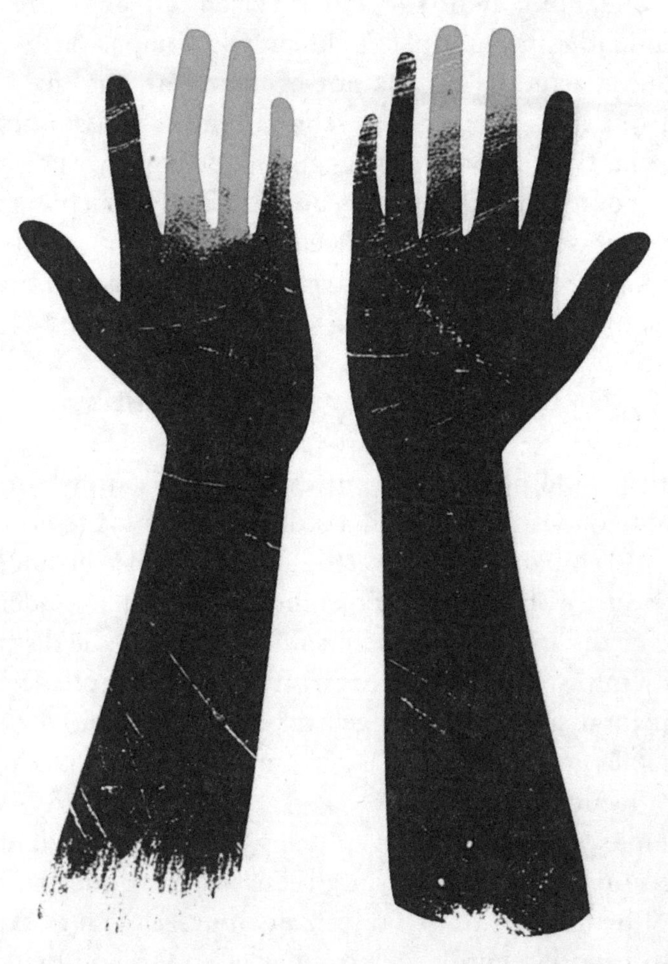

Cerrar este libro implica reconocer los incontables nombres e historias que lo inspiran. Detrás de cada congregación que se aventura en el uso de la IA, hay personas dispuestas a romper la inercia y probar caminos nuevos. Pastores, líderes, desarrolladores, voluntarios y miembros de la iglesia que, con valentía, deciden ver en la tecnología una oportunidad para multiplicar el bien y la compasión.

A todos ustedes, gracias por no temer al cambio y por pensar que la fe puede aliarse con la innovación sin perder su esencia. Gracias por cada pregunta que lanzan y por cada "sí" que dan cuando el Evangelio requiere ensanchar nuestras fronteras. Esta obra se nutre de sus experiencias, de sus ensayos y errores, y de su convicción de que la Palabra de Dios siempre puede resonar más lejos y más fuerte.

## Un tributo a la apertura y la valentía

No habría sido posible escribir estas páginas sin el empuje de comunidades que, en su día a día, superan los temores al futuro y se embarcan en proyectos audaces. Pienso en aquellas iglesias que probaron servicios híbridos en plena pandemia, grupos de discipulado online que unieron a gente de distintos países y ministerios que adoptaron chatbots o aplicaciones para mejorar su alcance evangelístico. Sus testimonios evidencian que la gracia de Dios se derrama más allá de cualquier barrera tecnológica.

Además, reconocemos a quienes, desde la retaguardia, ofrecen oraciones, sabiduría y recursos para que los proyectos funcionen. Los que tal vez no aparezcan en titulares, pero son fundamentales al sostener el andamiaje logístico y humano de cada nueva iniciativa. Su humildad y dedicación, "en lo poco y en lo mucho", son un reflejo vivo de la servidumbre cristiana.

## Inspiración de líderes cristianos y visionarios tecnológicos

A lo largo de la historia, gigantes de la fe aprovecharon las herramientas de su época para anunciar el mensaje de salvación. Del mismo modo, la modernidad nos ha brindado figuras inspiradoras, cuyos aportes tecnológicos cambiaron el mundo. Aunque se mueven en áreas distintas —unos en la proclamación del Evangelio, otros en la invención de dispositivos y sistemas—, todos comparten algo en común: se atrevieron a pensar más allá de lo establecido.

Esa combinación de pasión, fe y creatividad inspira a la iglesia de hoy a no quedarse en un lugar seguro, sino a arriesgarse y a diseñar proyectos que beneficien al prójimo. La mente abierta y el corazón dispuesto se convierten en semilla de cambio, demostrando que la ciencia y la innovación pueden redirigirse hacia propósitos nobles, siempre que el amor de Dios sea el motor esencial.

## Un legado de mentes abiertas y corazones dispuestos

En cada iglesia que decide adoptar la IA, hay historias de personas que superan sus inseguridades, se forman en nuevas competencias y asumen que la fe y la tecnología pueden caminar juntas. Es conmovedor ver a adultos mayores aprendiendo a usar aplicaciones digitales para orar con quien se encuentra lejos, o a jóvenes enseñando a sus líderes a manejar bases de datos que mejoran el servicio social. Este entretejido de generaciones y dones revela la riqueza de la comunión cristiana.

Al reconocer su ejemplo, vemos cómo se cumple el legado de la iglesia primitiva, donde cada miembro aportaba según su habilidad (Hechos 4:32-35). Así, la IA deja de ser un territorio de unos pocos para convertirse en un espacio compartido, donde la colaboración triunfa sobre el individualismo. Este espíritu de solidaridad y entrega caracteriza los testimonios que dan sentido a las páginas que has leído.

## El anhelo de una humanidad unida en la compasión

Las reflexiones de este libro no podrían concretarse sin la fe inquebrantable de hombres y mujeres que, cada día, comprueban que el Reino de Dios no se detiene ante las adversidades. Son ellos quienes, en silencio, oran por el futuro de la iglesia y buscan que cada iniciativa, por pequeña que sea, refleje la gloria del Señor. Desde las grandes metrópolis hasta los pueblos más lejanos, hay corazones que anhelan un testimonio de amor y servicio, que ven en la tecnología un camino más para encarnar esa visión.

Gracias, también, a quienes se involucran en la acción social a través de plataformas digitales, descubriendo que un clic puede salvar una vida o una donación virtual puede alimentar a decenas de familias. Su determinación por usar la IA con propósito y empatía nos muestra el poder transformador del Evangelio en tiempos de bits y redes globales.

## Gratitud hacia quienes siembran y cosechan en la era digital

Para que un libro como este pueda existir, es fundamental la tarea de quienes investigan, documentan y comparten ejemplos de iglesias digitales, sermones en línea, chatbots pastorales y otros proyectos de vanguardia. A todos los blogueros, productores de contenido, conferencistas y académicos que contribuyen al debate y la formación de la iglesia, les corresponde un reconocimiento especial. Ellos siembran ideas y recogen testimonios que evidencian la mano de Dios en los caminos menos pensados.

Del mismo modo, los lectores que toman en serio cada capítulo, que debaten en sus comunidades y que se atreven a poner en práctica algo de lo aprendido, dan vida a estas reflexiones. Sin su participación activa, las palabras permanecerían inertes. Por eso, a cada uno que se involucra y multiplica el conocimiento, muchísimas gracias por convertir la lectura en acción y la teoría en vivencia.

## ¡Gracias totales!

Aunque aquí concluye este libro, no termina la aventura de la iglesia en el territorio de la IA. Más bien, se abre un capítulo nuevo donde cada congregación, cada familia y cada cristiano puede escribir su propia historia de innovación y fe. El espíritu de valentía que encontramos en las Escrituras y en nuestros antepasados nos impulsa a seguir adelante, con los ojos puestos en Jesús, y la decisión de usar cada recurso para Su gloria y el bien de la humanidad.

El propósito de este texto ha sido sembrar esperanza y delinear caminos posibles, pero la cosecha depende de cada uno que lo lee. Que estas páginas te motiven a dialogar con tu equipo de liderazgo, a formar comités de ética tecnológica o a desarrollar aplicaciones de evangelización creativas. Que en cada acción sientas la guía y la paz de aquel que hace nuevas todas las cosas.

# PALABRAS FINALES

**¡Gracias a todos por ser parte de esta gran aventura!**

Que este libro no sea un punto final, sino un punto de partida que te inspire a soñar, a crear y a servir con entusiasmo en la intersección entre fe y tecnología. Recordemos que la verdadera "Revolución en la iglesIA" no se produce únicamente por los avances técnicos, sino por el amor y la justicia de Dios que se manifiestan en nuestro actuar cotidiano. ¡Adelante, con ánimo y confianza, que el Señor sigue abriendo sendas en lo nuevo y llamándonos a caminar con valentía y esperanza!

**Marcos Codd**
DOGO CREATIVO
DIRECTOR & CO-FOUNDER

**Ricardo Codd**
DOGO CREATIVO
DIRECTOR & CO-FOUNDER

Te invitamos a que visites nuestra página web, donde podrás apreciar la pasión por la publicación de libros y Biblias:

**www.casacreacion.com**

@CASACREACION

@CASACREACION

@CASACREACION

*Para vivir la Palabra*